JN231473

心と付き合うための
心理学

Psychology
Mind

to keep
good relationship with

木下まゆみ

北樹出版

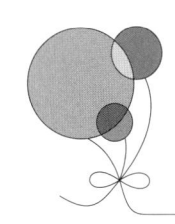

はじめに

心理学の「翻訳」を目指して

1. 本書のねらい

　目に見えない「心」を、どうやって研究するのか——心理学は、その答えを科学的に示す領域として誕生しました。これまで、多くの研究者の努力によって、様々な「心の仕組み」が明らかにされてきました。きっとこれからも多くの謎が解明されていくことでしょう。

　しかし、研究者ではない一般の方々にとって、心理学の研究で使われている言葉は、普段の生活からはほど遠く感じられるようです。「心」は誰もが持っているはずなのに、いったん専門用語になってしまうと、それが自分の「心」の話のようには思えない、そんな感想も聞いたことがあります。そこで、本書は心理学の研究成果を〈普段の言葉〉で伝えることを目指しました。専門用語の使用はできる限り抑え、私たちがいつも使っている言葉で説明することを心がけました。

　筆者は心理学の研究を、見方を変えれば毎日の生活に深くつながる知識の宝庫だと思っています。だからこそ、心理学を学ぶ人に実感を伴って納得してもらえる心理学を伝えたい。日々の生活の中で体験する悩みや困り事が、いつもと違う形で見えてくる、ちょっと気が楽になる、あと少しだけ頑張ってみようかという元気が出てくるものにしたい。執筆の際には、そのようなことを考えながら身近な知識を伝えられるように心がけました。

2. 本書の構成

　心理学は多くの分野に分かれており、本書でも、認知心理学、社会心理学、発達心理学、臨床心理学、学習心理学など、複数の分野での研究を紹介していきます。ただし、各章は、できるだけ身近なテーマを1つ取り上げて、これに

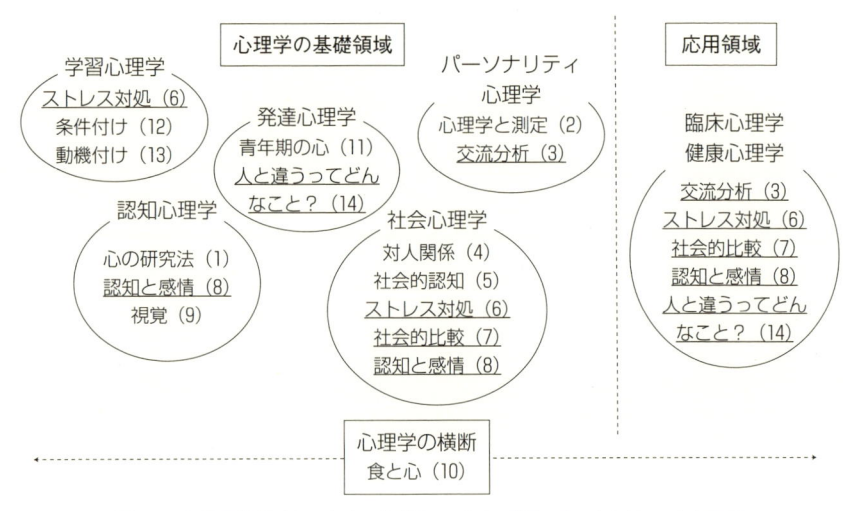

図0-1　本書の構成（（　　）内は章番号。下線は、複数の章にまたがることを示す）

ついてまとめているために、1つの章でも内容が複数の領域にわたっていると
ころもあります。読みながら、「これは認知心理学かな」「次は臨床心理学かな」
など、推理してみてください。上に本書の各章と分野を対応させた図（図0-1）
を示していますので、答え合わせに利用してください。

　また、各章の終わりには、より学習を深めたい人のために、文献を紹介して
います。章のトピックについて詳しく紹介する本であったり、専門的な解説が
充実している本であったりと、様々なものがあります。ぜひ、本書で紹介しき
れなかった理論や知見に触れてください。

3．本書のテーマ

　この本を書くにあたり、全ての章に共通する観点を設定したいと考えました。
そして、心と環境の双方向性に思い至りました。双方向性というのは、私たち
の外にある環境が私たちに働きかける方向性と、私たち自身が環境に働きかけ
る方向性のことです。これには、私たちは自分の外的要因によって翻弄される
か弱い存在ではなく、自ら外の世界に働きかけ（時には戦いを挑んで）、環境を変

え、さらには自分をも変えていける存在であるという提案（希望）が込められています。各章が、どのような観点で双方向性を扱っているかを考えながら読んでいただければ幸いです。

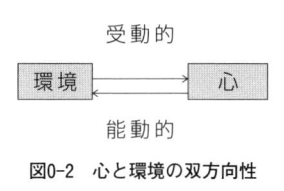

図0-2　心と環境の双方向性

◼ 目　　次 ◼

心と付き合うための心理学

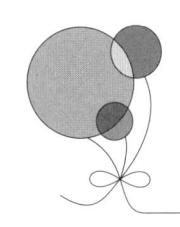

心の研究法

心理学って何ですか？

　これから心理学の話をしていきますが、そもそも心理学とはどのようなものでしょうか。授業の最初に受講生に尋ねると、心の中を見抜かれそう、怖い、という答えが返ってくることがあります。実際には、心理学者があなたの心のうちを知ることはできませんし、全く怖がる必要はありません。そこで、第1章では心理学とはどのような学問なのか、それを理解してもらうことを目的とします。

1．心理学の定義その1：何を研究するのか？

　まず、心理学の研究対象を考えましょう。心に決まっているじゃないか、という声が聞こえてきそうです。では質問をします。

　　「心とは何でしょうか」

　感情、意志、理性、思うようにならないもの……いろいろな答えがあげられますね。で、正解はというと、どれも該当します。心の働きはとても広く、どのような視点から見るかによって研究対象が変わってきます（心理学の様々な研究領域については、後の節であらためて説明します）。極端に言えば、個人の内的なもの全て、となるのですが、それではあまりに漠然としています。どのような人にも心があり、日々自ら体験しているのに、あまりに当たり前すぎて言葉にしようとすると答えられない。このような対象を自明の事実といいますが、当たり前のことほど、私たちはよくわかっていないことが多々あります。心とは何かという問題も同様で、手がかりなしに答えるとなると難しい問題です。

　では、心とは何かを、次の資料を基に考えてみましょう。表1-1に示したのは、新聞に掲載された書評の一部です。その中で、次の文章に注目しましょう。

　　「いつもと同じ道のりでも、風景まで違って見えてしまう時があります」

　みなさんにもこういう経験ありませんか？　では、同じ風景を違うものに見

表1-1　心についての文章（朝日新聞2004年6月4日朝刊より改変）

> 　いつもと同じ道のりでも、風景まで違って見えてしまう時があります。
> 　いつもは、学生たちが笑い合いながらすれ違っていく、のどかな街並みが、その日、暑いのか寒いのかわからない、中途半端な気候で、いったい何を着ていったらいいのかわからなくなって、結局あまり自信の持てない服装で出掛けてしまったら、いつも聞いてるはずの学生たちの笑い声が、自分の服装を笑ってるんじゃないかと思ってしまったりします。
> 　実際は笑うどころか誰も見てないのです。いつもと同じ街並みが、自分の心の向きで幾通りにも見えてしまったりします。

せているのは何でしょう。そう、心の働きです。もし私たちがコンピュータだとしたら、カメラを通じて認識する景色が、その日によって違って見えることはないはずです。ということは、私たちは外の世界に存在する事物や現象をそっくりそのまま見ているのではなく、何らかの「加工」を施した上で見ている、といえるでしょう。いつもの景色を違って見せているもの、これこそが心です。それゆえ、この本では心を「ある事柄に関する個人独自の認識・理解をもたらす内的過程」として捉えていきます。

　さあ、これで心理学の説明ができた、心理学とは「いつもの道を違う景色に見せるもの」を調べる学問だ、と言い切れるでしょうか。実は、研究対象を説明しただけでは、心理学の説明として不十分です。なぜかを考えるのに、次の質問を手がかりにしましょう。

　　「心を研究する分野は心理学だけだろうか」

　Yes または No のどちらかで答えてください。いかがですか。正解は、もちろん No です。例えば、私が所属している経済学部でいえば、経済学や経営学でも「心」は研究対象の1つです。モノの価格を決める要因には、「効用」という心理的満足感があることはよく知られていますし、経営学では従業員の勤労意欲やリーダーシップなどの働く人の内面の要因の研究も行われています。文学では、夏目漱石の小説にそのものズバリの書名、『こころ』があるように、個人の内面を扱っています。心理学が生まれる母体となった哲学でも、紀元前にアリストテレスが心に関する文章を記しているように、人に関する学問で心を扱っていないものはないのではないでしょうか。そう、研究対象だけで心理

学を説明することは不十分なのです。

 ## ２．心理学の定義その２：いかに研究するのか？

　心理学を説明するためには、心をどのようにして研究するのか、その研究方法にも触れなければなりません。先ほど心について考えましたが、その説明の中に「内的」という言葉がありますね。心理学の研究の難しさは、心が「内的」なものであるという、その点にあります。目に見えるものであれば、重さを量ったり、長さを測ったり、その対象を数値として表すことができます。数で表現できると、研究を進めやすくなります。数であれば、誰にとっても、いつでも、どこでも、同じ数です。ですから、これこれという数値が出たという研究が報告された時、他の人が同じ研究を行って再び同様の数値が得られれば、その研究は確かにその通りだとみんなが納得できます。このように、誰でも、いつでも、どこでも同じ結果が得られる方法を客観的方法といいます。自然科学を中心とした学問領域のほとんどは、この客観的方法を使って研究を行っています。

　しかし、心は目に見えません。誰かが心とはこういうものだと主張したとしても、それが確かかどうか、他の人は調べることができません。つまり、心については、１人ひとりが好きなように言うことができます。心理学が科学として成立したのは19世紀後半です。紀元前の古くから心について考えられてきたにもかかわらず、誕生までに時間がかかったのは、見えない心を客観的に調べる方法がなかったためでもあります。

（1）「心」の測り方

　見えない心を計測するために、心理学では自然科学の分野で用いられていた方法を応用しました。その手続きは簡単な数式で示すことができます。

　今仮に、

$$2 \quad + \quad X \quad = \quad 5$$

の方程式があるとします。では次に、X に入る数を求めてください。

できましたね。またここで質問です。ではどのようにしてXを求めましたか？

$$X = 5 - 2$$

ですね。2つの式をまとめると、次のようになります。

$$2 + X = 5$$
$$\therefore X = 5 - 2$$

　心理学でも、これと同じ作業を行います。ただし今度は少々式を変更して、

$$環境 + 心 = 行動$$

になります。この式の項のうち、環境と行動は外から観察することが可能です。心は外から見えませんが、先の式のXと同じように考えて、環境と行動から推測できます。つまり、

$$心 = 行動 - 環境$$

と表すことができます。まとめると、次のようになります。

$$環境 + 心 = 行動$$
$$\therefore 心 = 行動 - 環境$$

この式が示しているのは、見えない心を、観察可能な環境と行動から推測するやり方であり、これが心理学の研究方法です。

　なんのことやら、わかりにくいでしょうか。では、簡単な実験をふまえて、この式の意味を考えてみましょう。

（2）心理学実験を体験してみよう

　実験は記憶に関するものです（古城・上野・高山・山本, 2003を一部改変）。これから、以下の手順で実験を行います。

　　　1：2～3文字からなるアルファベット綴りのリストを示します。リスト1には8つの綴りが含まれており、1つの綴りにつき5秒呈示します。できる限り多くの綴りを覚えてください。

　　　2：全ての呈示が終わったら、合図をしますので、覚えている綴りを書き出してください。

　　　3：次に、リスト2の綴りを呈示します。8つの綴りについて、同様に5秒ずつ呈示します。

4：全ての呈示が終わったら、合図をしますので、できる限り書き出し
　　　てください。

　授業では、スクリーンに5秒ずつ綴りを写して実験するのですが、この本を
読んでいる人は、リストを紙で隠して、5秒ごとに右にずらしてください。で
きれば誰かに協力してもらえるといいですね。1人で実験する場合は、5秒×
8＝40秒間で全部の綴りを覚えるようにしてください。

　では、まずリスト1の綴りです。

　　　ITG　　PSD　　VDC　　EOJ　　ALE　　TCL　　ED

　時間が来たら、リストを隠してできるだけ思い出して書き出してください。
そのあと答え合わせをして、正確に思い出せた個数を調べてください。いかが
でしたでしょうか。授業での実験結果は、半数ほどが4〜5個を思い出しまし
た。

　次に、リスト2の綴りです。手順は先ほどと同じです。用意はいいですか？
では、始めてください。

　　　IT　　GPS　　DVD　　CEO　　JAL　　ETC　　LED

　はい、そこまで。できるだけ思い出して書き出して、正確に思い出せた個数
を調べてくださいね。今度はどうでしたか。授業での結果では、ほとんどが6
〜7個を思い出せました。

　さあ、この2つのリストの記憶実験によって、何がわかったでしょうか。そ
うです、この2つのリストには異なる点がありますね。リスト1はそれぞれの
綴りに意味がないのに対し、リスト2は意味のある綴りです（CEOは経営責任者
Chief Executive Officer の略です）。思い出せた個数を比べると、ほとんどの人は、
リスト1の無意味綴りよりもリスト2の有意味綴りの方が多かったのではない

でしょうか。つまり、何かを覚える時には、意味のないものよりも意味のあるものの方が覚えやすいということです。試験勉強の時、意味も考えずに丸暗記するという人もいるかもしれません。しかしこれは、同じ時間をかけても意味のないものは覚えにくいということであり、効率の悪い記憶方法といえます（心理学の用語では、記憶の定着率が低い、といいます）。こういう話は、学校の先生から聞いたことがある人もいるでしょう。それは心理学的にみても理に適ったアドバイスです。

　しかし、2つのリストからわかることがこれだけではつまらないですね。もちろん、もう1つ考えるべきことがあります。それは、2つのリストには共通点があるということです。ではその共通点とは？　もう一度、2つのリストを見比べてください。え、何もない？　そんなはずはありません、よーーーく見てください。何か同じものはありませんか？　そうです、2つのリストは全く同じアルファベットが使われています。にもかかわらず、覚えやすさが大きく変わってきます。そこにこそ、心の働きが関わっているのです。

（3）実験による心の測定

　ここでもう一度、心を測る手続きの式を思い出してみましょう。

　　　　　環境　＋　心　＝　行動

　　　　∴　心　＝　行動　－　環境

　この式の「環境」にアルファベットの〈無意味綴り〉を入れ、「心」には今回の実験の性質から〈知っている〉を、「行動」に〈成績が上がる〉を入れてみましょう。

　　　　無意味綴り　＋　知っている　＝　成績が上がる

　　　∴　知っている　＝　成績が上がる　－　無意味綴り

　上の式は、〈無意味綴り〉という環境が与えられた時、それが〈知っている〉ものになると、どのように〈成績が上がる〉かという意味です。これを移行して下の式にすると、〈成績が上がる〉から〈無意味綴り〉を引くことで〈知っている〉という心の働きを示すことができます。$2 + X = 5$ の式は簡単に X を求めることができますね。心の式も同じで、数値を用いることで

心の働きを数値で示すことができます。

　では、上の式に、具体的に数値を入れていきましょう。まず〈無意味綴り〉から。ここにはリスト１の成績を代入します。授業でのリスト１の成績は５個程度ですので、５を代入しましょう。次に〈成績が上がる〉ですが、リスト２の成績が当てはまります。授業の結果から、７を代入します。すると、

$$知っている　=　7　-　5　=　2$$

したがって、〈知っている〉という心の働きを、綴りの記憶量が２個増えるという具体的な数値によって表すことができました。私たちの外にある「環境」という意味では、リスト１とリスト２の英字綴りは全く同じです。にもかかわらず、綴りを知っているか知らないかで結果が異なってくる、言い換えるなら、「同じ景色も違って見える」、そのような結果をもたらすものが心の働きといえるでしょう。

■ 3. 結局、心理学とは？

　以上をふまえ、ここまでの内容をまとめしょう。本章の最初にあった、「心理学とはどのようなものか」という疑問に対して、研究対象と研究方法の説明を通じて、その回答を示しました。

　心理学である以上、研究対象は「心」ですが、この本ではもう一歩ふみ込んで、「いつもの道を違う景色に見せるもの」としました。しかし、心理学以外にも「心」を研究している領域は数多くあることから、研究対象の説明だけでは不十分です。そこで次に、研究方法の説明も行いました。心理学では、目に見えない「心」を、目に見える「環境」と「行動」を手がかりに、数値という具体的な指標によって表します。この手続きを、記憶実験を題材に説明しました。したがって、心理学とは、ある事柄に関する個人独自の認識・理解をもたらす内的過程について、客観的な方法を用いて調べる学問といえるでしょう。

【より深く学びたい人のために】

森まりも（1999）．チビクロこころ——中学生高校生のための心理学入門　北大路書房：犬の
　　チビクロが虎のワッサンに説明する対話形式で話題が展開され、中学生でも読みやすい
　　文章です。イラストも豊富に使われており（表紙の虎も印象的）、一見、絵本かと見間違
　　いますが、中身は「心理学とは何か」がポイントを外すことなく述べられており、大学
　　生にとっても読みごたえのある内容です。
日本心理学会認定心理士資格認定委員会（編）(2015)．認定心理士資格準拠　実験・実習で
　　学ぶ心理学の基礎　金子書房：編者名にある通り、認定心理士の資格を目指す人のため
　　の本ですが、心理学における代表的な実験や調査等について紹介されています。日本心
　　理学会のホームページでサポートファイルが公開されており、パソコンで実験を体験す
　　ることもできます。
サトウタツヤ・高砂美樹（2003）．流れを読む心理学史——世界と日本の心理学　有斐閣：心
　　という見えない現象を科学的に解明するべく、先人たちは多大な努力を払ってきました。
　　本書では、哲学から分かれ、自然科学と隣接しながら独自の領域として成立した経緯が
　　述べられています。他の本ではあまり触れられることのない日本の心理学史の説明が詳
　　しいのも、本書の特徴です。

【引 用 文 献】

古城和敬・上野徳美・高山智行・山本義史（編著）(2003)．あなたの心を科学する Ver.3　北
　　大路書房

【コラム1　記憶の種類1：意識して思い出す記憶】　記憶にはいくつか種類があります。大きく分けると、記憶は一連の動作に関するものと、言葉で説明できる事実に関するものの2つがあります。例えば、自転車の乗り方は思い出そうとしなくても体が勝手に「思い出して」くれますね。これは**手続き的記憶**と呼ばれているものです。一方で、「今朝何を食べたか」「鎌倉幕府は何年に開かれたか」のように、事実として思い出す記憶もあります。この記憶は個人的経験に関する**エピソード記憶**と、知識に関する**意味記憶**の2つに分かれます（図1）。これら3つの記憶は、長時間覚えていられることから、長期記憶といいます。

　第1章で紹介した記憶実験は、意味記憶を対象にしていました。では、私たちはどのように意味記憶を覚えているのでしょうか。自分の体験を振り返ってみると、何度も繰り返し口に出したり、暗唱したり、書き出したりしたのではないでしょうか。これは**リハーサル**と呼ばれる方法で、私たちが物事を覚える唯一の方法です（これ以外に記憶する方法は〈今のところ〉ありません。遠い未来では、ドラえもんの道具の暗記パンのように、食べて覚えられるようになるかもしれませんが）。

　ところで、記憶については心理学だけではなく、神経科学の分野でも精力的に研究が行われています（例えば、池谷、2001）。記憶に関する脳の働きを調べた研究から、記憶の定着には「海馬」と呼ばれる部位が強く関わっていることがわかりました。海馬は、小指ほどの大きさで、脳を球に見立てるとその中心にある、大脳辺縁系の一部です。1950年代に記憶と深い関わりがあることがわかり、現在まで盛んに研究されています。

　多くの研究の結果、海馬がどのように記憶に携わるかが明らかになりました。私たちの外にある情報は、目や耳等の感覚系を通じて脳に送られます。この時、脳の中で最初に情報が届くのが側頭葉と呼ばれる部位です。側頭葉は、耳のある辺りにあります。い

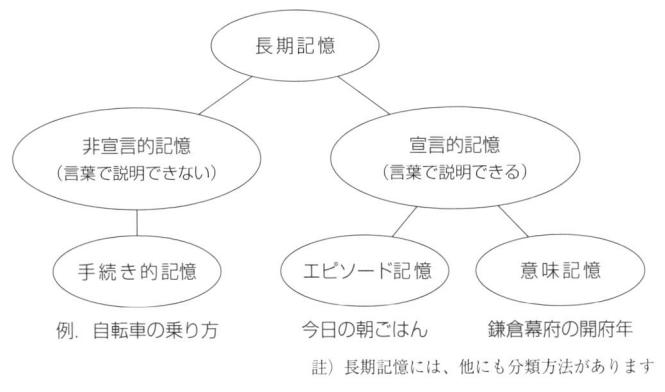

図1　長期記憶の種類

ったん側頭葉に送られた情報は、側頭葉→海馬→側頭葉の順で、神経回路を通っていきます。覚える作業であるリハーサルは、側頭葉から海馬に情報を送る道筋に該当します。情報が海馬に届けば、その後側頭葉に返されて、「覚えた」となりますが、これがスムーズにはいきません。海馬はいわば「記憶の番人」です。容易には情報を通しません。そこで、大門の前で何度も扉をたたくように、何度もリハーサルを行って、ようやく情報は海馬の中に入れてもらえます。つまり、リハーサルが上手くいくかどうか、その鍵は海馬が握っているということです。試験勉強をしていると、なかなか覚えられないことも経験しますが、それは脳の中に海馬という屈強な門番がデン！と構えているためです。

海馬については、2000年に入って驚くべき研究結果が報告されました。都会の複雑に込み入った道を走るタクシー運転手の海馬を調べてみると、一般の人よりも海馬が大きいことがわかったのです（Maguire et al., 2000）。大きいということは、細胞数が多いことを意味します。これまで、脳細胞は誕生時をピークとして減少する一方であると考えられてきました。しかし、研究の対象になったタクシー運転手は、日々の仕事の中で頭の中の「地図」を詳細に作り上げて、海馬の細胞を増やしていると推測されます。

そうだとすると、記憶しようと努力している人の海馬の細胞数も、日々増えていると想定できないでしょうか。例えば、熱心に勉強する生徒や学生。勉強は孤独な作業ですし、時には試験の点数も上がるどころか下がったりして、いったい自分の努力に意味があるのかわからなくなる時もあるでしょう。みんなが遊んでいる時に自分だけが無駄なことをしているのではないかと、空しくなるかもしれません。しかしそんな時も、海馬は人知れずに努力するあなたの姿を映し出しているとしたら、もう少し粘ってみる意欲がわくのではないでしょうか。

加えて、タクシー運転手の脳に関する研究では、タクシー運転手になった時の年齢に関係なく海馬の細胞が増えることもわかりました。つまり、いくつになっても記憶力を鍛えることができる、ということです。努力は人を裏切らないという言葉は、神経細胞レベルでも当てはまりそうです。

そうはわかっていても、意味記憶がパッと覚えられたら楽だよなあ、と思っている人はいませんか。確かに、記憶の中には、繰り返さなくてもあっという間に覚えられ、自由に思い出すことができるものがあります。それがエピソード記憶、個人の経験に関わる記憶です。自分が覚えたいことが全てエピソード記憶になれば便利です。個人的経験は、覚えようとしなくても覚えていますよね。例えば、リハーサルしていなくても、今朝のごはんに何を食べたかを思い出すことができるでしょう。個人的なことは自分にとって（特に、かつては生命維持にとって）大事な情報です。そして、大事な情報は海馬が門を通しやすいために記憶が容易に定着すると考えられています。海馬はやみくもに意地悪なのではなく、大事なことだけを記憶に留めようとしているといえます。

一方、鎌倉幕府の開府が何年かは、覚えていなくても生命に関わることはありません。だからこそ、意味記憶は何度も繰り返して「これは大事なんだよ」と海馬にアピールしなければ覚えられません。また、思い出すのにも手がかりを必要とします。このように、覚えたり思い出したりするのが難しい記憶が意味記憶です。

　記憶の性質をふまえると、楽に覚えるためには、覚えなければいけない対象を自分にとって大事なことにする、または意味記憶をエピソード記憶に変えればよい、といえます。例えば「面白い！」「楽しい！」というように、感情を伴うものも、自分にとって大事なことになります。好きこそ記憶の上手なれとでもいえましょうか。しかし、好きになるには対象を深く理解して、より多くの時間を割いて取り組まなければなりません。リハーサルにせよ好きになるにせよ、記憶に楽な近道なし、です。

【引用文献】

池谷裕二（2001）．記憶力を強くする　最新脳科学が語る記憶のしくみと鍛え方　講談社

Maguire, E. A., Gadian, D. G., Johnsrude, I. S., Good, C. D., Ashburner, J., Frackowiak, R. S., & Frith, C. D. (2000). Navigation-related structural change in the hippocampi of taxi drivers. *Proceedings of the National Academy of Sciences, 97*, 4398-4403.

【コラム2　記憶の種類2：時間制限のある記憶】　記憶には、それがどのくらい長い間保持されるかによって分類する方法もあります（Atkinson & Shiffrin, 1971）。保持時間で分けると、図2に示すように、秒単位の**感覚記憶**（視覚で約数百ミリ秒、聴覚で数秒）、15秒～30秒の**短期記憶**、1日や1年など、より期間の長い**長期記憶**の3つになります。

　感覚記憶は、視覚または聴覚を経由して入ってくる刺激を一時的に覚えている記憶です。その時間は一瞬ですが、この記憶は重要です。例えば、私たちがものを数える時に「いち、に、さん……」と口頭または心の中で唱えますが、この「いち」「に」「さん」が感覚記憶です。そして、最初の「いち」を覚えていられる（感覚記憶として保持される）からこそ、次の「に」を唱えることができます。もしこの記憶がなければものを数えることができません。試しに、「いち」「に」と言わずにものの数を数えてください。非常に難しいことがわかるでしょう。

　短期記憶と長期記憶は、コンピュータになぞらえると、それぞれメモリとハードディスクにあたります。メモリは、一時的に情報を留めておくものです。テキストをコピーして、別の場所に貼り付けられるのは、コピーしたテキストがメモリに保存されている

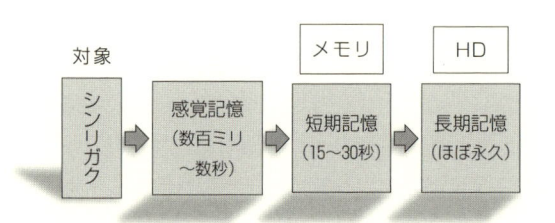

図2　記憶の保持時間（森・井上・松井（1995）を参照）

ためです。そして、貼り付けが終わると、保存されていたテキストはメモリから消去されます。この仕組みと同様に、短期記憶も、一時的に覚えておきたい事柄を保存したものです。例えば、手元にメモも何もない状態で電話番号を覚えておかなくてはいけない時、忘れないように繰り返し唱えることがあります。この時の電話番号は短期記憶です。長くても30秒ほどしか持たないため、リハーサルによって記憶を保ち続ける必要があります。そして、メモリの情報と同様に、無事にメモを終えた瞬間、電話番号の記憶は頭の中から消えてしまいます。

　一方、メモリと違って、ハードディスクに記録した情報は、消えることがありません。これは、ハードディスクに「痕」が残り、それがなくならないためです。もしメモリにある情報を消したくなければ、ハードディスクに保存します。同様に、短期記憶の事柄を忘れたくなければ、リハーサルを通じて、長期記憶に貯蔵する必要があります。この時の門番が海馬です。海馬を通過して、側頭葉に戻ることができれば、その事柄は忘れることのない長期記憶になります。みなさんも、自分の携帯や実家の電話番号はメモを見なくても言えると思います。これは、重要な事柄として、門番が中に入れてくれた、または長期記憶になったためです。

　このように、記憶をはじめとして、人の頭の中の仕組みをコンピュータになぞらえる考え方を、情報処理モデルといいます。このモデルは、認知心理学を中心に広く用いられ、かつてはブラックボックスとされた人の頭の中を探る有効な手段となっています（森・井上・松井，1995）。

【引 用 文 献】

Atkinson, R. C., & Shiffrin, R. M. (1971). The control of short-term memory. *Scientific American, 225*, 82–90.
森　敏昭・井上　毅・松井孝雄（1995）．グラフィック認知心理学　サイエンス社

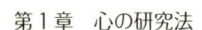

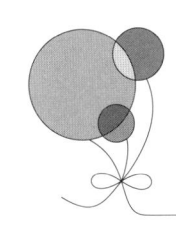

心理学と測定 02
心理テストって本当に当たりますか？

　心理学を学ぶ目的が、自分の性格がどんなものか知りたい、という人は多いのではないでしょうか。「私、引っ込み思案だから」「俺ってそそっかしいんだよな」などなど、日々の生活の中で、私たちは知らず知らずに自分の内面について推測や判断をしています。誰に言われたのでもなく行っているのですから、私たちは、自分という人間を把握したいという強い欲求を持っているといえるでしょう。第2章では、心理学的に個人特性を理解する手順について考えていきます。

1. 性格を測る「定規」

　性格（性格という用語については、章末のコラム3を参照）を心理学的に研究するにはどうすればよいでしょうか。第1章で学んだ通り、心理学は、客観的な方法、すなわち見えない心を数値に置き換えて調べます。したがって、性格もまた、数値によって表現される必要があります。そこで用いられるのが「心理尺度」です。尺度は scale の訳です。scale は定規とも訳されます。つまり、心に定規を当てて、その長さを測る道具というのが、心理尺度の意味です。この定規を使って性格を測るのが心理学の研究方法の1つです。例えば、「大勢の人といるよりは、1人でいる方を好む」という質問に対して、〈1：よく当てはまる〉〈2：やや当てはまる〉〈3：あまり当てはまらない〉〈4：全く当てはまらない〉のように、いくつかの段階で回答を求めます。

（1）心理尺度の実際

　では早速、実際に心理尺度に回答してみましょう。心理尺度の中でもよく論文で引用されるものの1つに「自尊感情尺度」があります。自尊感情とは、「自己に対する肯定的または否定的態度」(Rosenberg, 1965) のことを指します。全

部で10項目あり、それぞれについて「いいえ」「どちらかといえばいいえ」「どちらかといえばはい」「はい」のいずれかを答えます (桜井, 2000)。

①私は自分に満足している。

②私は自分がだめな人間だと思う。

③私は自分には見どころがあると思う。

④私は、たいていの人がやれる程度には物事ができる。

⑤私には得意に思うことがない。

⑥私は自分が役立たずだと感じる。

⑦私は自分が、少なくとも他人と同じくらいの価値のある人間だと思う。

⑧もう少し自分を尊敬できたらと思う。

⑨自分を失敗者だと思いがちである。

⑩私は自分に対して、前向きの態度をとっている。

（2）心理尺度の工夫

いかがでしたか。文章を読むと、はいと答えるほど自尊感情が高くなるものもあれば（項目1、3、4、7、10）、反対に、はいと答えると自尊感情が低くなるものもあります（項目2、5、6、8、9）。後者の項目は、専門的には「逆転項目」と呼ばれます。これは、いい加減な回答を減らすための工夫です。全ての項目がはいと答えるほど自尊感情が高くなるものだと、答える方も「はい」「はい」「はい」「はい」……もう全部「はい」でいいや！と考えることなく回答してしまうかもしれません。こうなると、正しく「測る」ことができません。対照的に、「はい」と答えると自尊感情が高くなったり、低くなったりする尺度であれば、回答に慎重になるために、いい加減な反応を防ぐことが期待されます。このように、心理尺度では正しく図るための工夫が様々にこらされています（「より深く学びたい人のために」参照）。

（3）心理尺度の採点

では、それぞれの回答に配点を行いましょう。10項目のうち、1、3、4、7、10の回答には、「いいえ」に1点、「どちらかといえばいいえ」に2点、「どち

らかといえばはい」に３点、「はい」に４点を配点してください。残りの項目、２、５、６、８、９は、逆向きに配点します。つまり、「いいえ」に４点、「どちらかといえばいいえ」に３点、「どちらかといえばはい」に２点、「はい」に１点を与えてください。最後に、全ての項目の得点を足して合計点を出します。自尊感情の測り方は以上です。

　え、これで終わり？　随分そっけないなあと感じた人もおられるでしょう。性格を測ると聞いて、「今回の回答から、あなたの隠された願望がわかります」など、個々人の内面に関する詳細な解説を連想した人もいるかもしれません。残念ながら、心理尺度では「ドキドキの種明かし」はありません。ドキドキの種明かしがあるのは、心理テストと呼ばれる一種の遊びです。この「心理テスト」と「心理尺度」が混同され、「心理学といえば心理テスト（＝簡単に自他の心がわかる）」と広く誤認されているようです。しかし実際は、この２つは全く異なります。では、どのように違うのでしょうか。

2. 「心理尺度」と「心理テスト」の違い

（1）定規の確かさ

　大きな違いは、心が数に換算されているかどうかです。心理尺度は、数値の計算が主役です。おまけに、１人ひとりの数値が解釈されることは少なく、回答者全員の数値がどのような状態にあるのか（バラバラにちらばっているのか、似通った数値なのか、そのちらばりの様子）が分析されます。一方で（通俗的な）心理テストでは、数値に置き換えていないものが無数に見つかります。例えば「腕時計を選ぶ時の基準は？」「最初に思いついた四字熟語と、その次に思いついたのは？」など。これらの質問の提示者によると、最初のものでは恋人選びの基準がわかり、次は人生観と恋愛観がわかるそうです。では、その質問をするとどうして恋人選びの基準や人生観がわかるのでしょう？　その理由を述べたものはまずありません。どういう定規で測ったかもわからないのに、心の長さはこのくらいですよ、と言っているのに等しいといえましょう。このように心理尺度と心理テストの違いは「心を数値に置き換える」作業の有無にあります。

（2）不確かな定規を信じる理由

　普段であれば、自分のことについて適当なことを言われると頭に来ますが、心理テストだけは別のようです。「あなたって○○ですよ」と言われると、根拠が乏しくても、その通りに信じてしまうという現象があります。心理学ではバーナム効果として知られる現象です（Snyder, Shenkel, & Lowery, 1977）。自分の性格を断言されると、その真偽にかかわらず納得してしまうのは、なぜなのでしょうか。自分の内面や性格は目に見えないがゆえに、自分の性格はいったいどのようなものなのだろうと、漠然とした不安を感じる人は少なくありません。このような曖昧な状況は、個人にとって不快な状況です。よって、それが見当はずれであったとしても、自分の性格を断定的に診断されると、曖昧さが減り気分が良くなる傾向があります。心理テストが根強い人気を保っているのは、心が目に見えないことと深い関わりがあるのかもしれません。

　ちなみに、バーナムとは人の名前です。アメリカの有名な興行師（今で言うところのエンターテイナー）で、人気のショーの1つが観客の性格を言い当てるものでした。実のところは誰にでも当てはまることを言っていただけだったそうです。このエピソードが「バーナム効果」の命名の背景にあったとされています。ところでバーナムは、インチキ心霊写真のトリックを暴いたことでも知られています。そういう人の名前を信頼性が疑わしい心理テストに関して使うのは、少々複雑な気がしますね。

（3）確かな定規が使われにくい理由

　すでに述べた通り、心理尺度は、数値によってその信頼性が確かめられており、決して当てずっぽうに作られたものではありません。しかし、一般的には心理テストの方が知られているようです。インターネットで心理テストを検索すると427万件ヒットするのに対し、心理尺度は51万件。数の上では心理テストに軍配が上がります。心理テスト人気には、様々な理由があると推測されますが、もしかすると、心理尺度が数値によって確かめられているというあたりにも、心理尺度への関心が薄い原因が潜んでいるのかもしれません。例えば、自分の性格を単純に数値化されたくない、数値になっても自分の性格を知る手

がかりにならない、などの理由が、心理尺度が不人気であることの背景にあるとも考えられます。もちろん、学術的な試みに人気は必要ありませんが、心理尺度が〈自分のことを知りたい〉という一般のニーズに応えきれていないことも、心理テスト人気の隠された要因かもしれません。

3. 心理尺度から自分の性格を知る

では、心理尺度は個々人の性格理解に全く役立たないかといえば、そうではありません。性格を正確に測ることができるのですから、上手く使えば自分を知るツールになります。その使い方の一例をみていきましょう。

（1）得点の見方

先に紹介した自尊感情尺度を361名の大学生に実施した結果（桜井，2000）、平均点は27.93点、約28点でした。1項目あたり、平均2.50点の回答でした。つまり、おしなべて見ると、各項目では「どちらかといえば自尊感情が高い」と回答されていたといえます。ここで、みなさんの1人ひとりの結果を考えてみましょう。各自の合計点は、全体平均と比べていかがでしたか。高かった、それとも低かった？　「私は32点だから、高かった」「僕は27点で低めだ」など思いますが、それでは32点というのは、平均28点よりも確実に高いと言えるのでしょうか。同様に、27点は？　難しいですね。32点と27点の差は、もしかしたら取るに足らないもの、それくらいの変動が容易に起こりうるのかもしれないし、そんなことは滅多に起こらない大きな差かもしれません。そのどちらなのかで、自分の合計点が「高い」のか「低い」のかの評価が変わります。

（2）全体の中で考える

2つの得点の違いの意味（よくある差なのか、滅多にない差なのか）を判断するためには、あと1つ、知っておかなければならないことがあります。それ

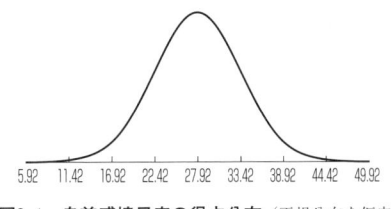

5.92　11.42　16.92　22.42　27.92　33.42　38.92　44.42　49.92

図2-1　自尊感情尺度の得点分布（正規分布を仮定）

が、回答者全体の**数値のちらばり**です。多くの人に自尊感情尺度に回答してもらうと、その合計点のちらばりは、理論上は図2-1のようになります。まるで富士山のようなこの図が示すのは、山の頂点にあたる平均付近に多くの人が当てはまるということと、極端に値の小さい（大きい）人は少ないということです。ちらばりの形は、頂点が左や右に歪んでいたり、頂点が2つあったりといろいろな種類がありますが、多数の人から回答を得られる場合は富士山のような形になることが知られています（統計学では、正規分布と呼ばれます）。

　この分布において、どの数値からが小さい（大きい）という基準がわかれば、自分の自尊感情得点が高いか低いかの判断を下しやすくなりますね。図2-1の分布には、平均から1目盛り分左または右までの部分に、回答者全体の約68%が含まれるという性質があります。もし、自分の自尊感情得点がこの約68%の中に入っていれば標準的な得点とみなせます。この目盛りは、計算で求めることができます（標準偏差といいます）。計算式は省略して結果だけを示すと、自尊感情尺度における目盛りは、5.51です。したがって、平均から1目盛り分左は22.42、1目盛り分右は33.44、よって23点〜33点の範囲の得点は、標準的であるといえましょう。

（3）数字を自分に当てはめる

　以上の手がかりを基に、みなさんの自尊感情のあり様を考えてみましょう。もし標準的な範囲に当てはまるのであれば、他の人と同じくらい、自分に対して肯定的な感情を持っているといえます。自分の自尊感情がどれくらいなのか、人より高いのか低いのか、普段の生活の中で知る機会はまずありません。それがわかるという点に、心理尺度の意義があるといえます。さらに、これまでに自尊感情を得てきた、出来事や経験についても思い出してみましょう。「あの時、部活を頑張ったことが自信になっているのかな」「眠気と闘いながら受験勉強に励んだおかげかな」など、普段は忘れている過去のいろいろなエピソードが思い出されるかもしれません。このように、数値という一見味気ない手がかりも、使い方によっては豊かな自己理解につなげることができます。

　対照的に、標準的な範囲に当てはまらない場合も考えてみましょう。22点以

下の場合、標準的な水準よりも自尊感情が低いといえます。では、どうして低いのでしょうか。もしかしたら、今悩み事を抱えているためかもしれません。大学に入ったけれど、勉強が難しくてついていけない、なかなか友達ができない、など。または、過去に体験した辛い出来事が影響しているかもしれません。いずれにせよ、自分の心にひっかかることがあるとして、自尊感情をもっと高めたいと思っているとすれば、どうすればよいでしょうか。その具体的な方法は、第3章以降を参照してください。折々に、いろいろな悩みや不安にどう向き合っていくかという話題が提供されています。もし、悩み事はあるけれど今それに直面したくないな、と思っている人がいたら、その「回避」も適切な対処法です。詳しくは第6章を見ていただきたいのですが、悩み事に対処する方法には、正面からぶつかる方法だけではなく、悩み事自体はそのままにしておく方法もあります。悩み事から逃げているから自分はダメなんだ、と思っているとしたら、見方を変えて保留中なだけなのだと捉え直してみると、気持ちのあり様が変わるのではないでしょうか。

4. 心理尺度に関するQ&A

心理尺度は、性格を数値に直す方法だと説明してきましたが、ここで、「だけど人によって〈どちらかといえば〉の基準が違う気がする」「嘘の回答をすることもできるよね」など、疑問を持つ方もいるかもしれません。それらの疑問に答えていきましょう。

Q1 人によって〈どちらかといえば〉の基準が違うのでは？

確かに、ある人は「はい」と「どちらかといえばはい」の違いは100点と80点くらいの差であるのに対し、別の人では100点と60点くらいの差かもしれません。これを完全に確かめる術はありませんが、しかしすでに述べた正規分布をふまえて考えると、人によって基準がバラバラなら、ある項目への回答は、富士山のような形ではなくなると予想されます。実際に調査をすると、富士山状のグラフが得られることから、共通した尺度で回答していると考えます。

Q2 この問いでは〇〇を答えれば△△△という診断結果になるんだろうな、というのが薄々想像がついてしまうので、心理尺度に本当に意味があるのか疑問です。

心についてよく知っている本人が、その状態を正直に答えてくれるのか、という問題は、心理尺度には常に存在します。しかし、その「正直問題」があるとしても、他人からはうかがい知れない心について直接測ることができるという魅力も捨てがたいものです。

そこで、心理尺度の妥当性を検証するために、本人の実際の行動との関連を調べる方法があります。例えば、心理尺度の結果と、本人が実際に取る行動または第三者が当人について評定した結果との関連を調べることもできます。心理尺度は、このように正しく心を測れているかどうかの検証を経て、確証を得たものだけが使われています。

Q3 心理テストをすると、自分のことが丸わかりになりそうで怖いのですが？

時々、心理学に対して「怖い」という感想を述べる方がいますが、そのようなことはありません。心理尺度が対象とするのは、心という膨大な領域のほんの一部です。一度にその大きな問題に取り組むのは大変ですから、小さな部分に分けて、個々に詳しく調べることにしています（これを難しく言うと、要素還元主義といいます）。ですから、あなたの内面を一度に全て理解してしまうことはありえませんので、安心してください。

Q4 「はい」「いいえ」なんて単純な質問で、複雑な性格というものはわからないのでは？

大学近くの自転車店の人が、こんなことを言っていました。「私ね、学生さんがどんな性格をしているか、自転車を見るとすぐわかるんですよ。」「段差1つ上がるにしてもね、慎重な人は速度を落としてゆっくり上がるから自転車があまり痛まない、でも勢いよくガーンと上がる人は、自転車もボコボコ。」

心理尺度も同じです。人の性格のうち、特定の側面を取り上げて、それを測ります。測った結果は、間違いなくみなさんの性格の一部です。自転車の使い方が、その人の全てではなくてもその人らしさの断片を示すのと同様です。すでに述べた通り、心理尺度を作るにあたっては、測りたい対象を正確に測って

いるかという地道な確かめをしています。「はい」「いいえ」で答えるのは単純でも、その結果の取り扱い方は、そうではありません。心理尺度の作成にあたって、研究者は、心に対して最大限の敬意を払っています。

【より深く学びたい人のために】

本章では、心理尺度に関する基本的な考え方を伝えることを優先したため、具体的な作成方法や統計的な処理については触れていません。より詳しく知りたい人は、以下の本を参考にしてください。

鎌原雅彦・宮下一博・大野木裕明・中澤 潤（1998）．心理学マニュアル 質問紙法 北大路書房：心理学における質問紙法の歴史や意義、実際に作成する際にあたっての注意点、データを得た後のデータ処理まで、幅広く紹介されています。心理学や統計に関する知識がなくても、スムーズに読み進めることができる内容です。

小塩真司・西口利文（2007）．質問紙調査の手順 ナカニシヤ出版：大学の心理学演習等で、グループでの質問紙法の作業を想定して書かれた内容です。質問紙作成に関する一連の作業に加え、作成する尺度についてのアイディアの練り方や、結果発表の仕方、レポートのまとめ方も説明されています。

山田剛史・村井潤一郎（2004）．よくわかる心理統計（やわらかアカデミズム・わかるシリーズ）ミネルヴァ書房：統計の本には珍しく、Σ（シグマ）記号が一切出てこず、数式も最小限の紹介にとどめられています。各トピックが見開き2、4ページでまとめられており、独学で学習を進めるのにも適しています。

【引 用 文 献】

Rosenberg, M. (1965). *Society and the adolescent self-image*. Princeton, NJ : Prinston University Press.

桜井茂男（2000）．ローゼンバーグ自尊感情尺度日本語版の検討 筑波大学発達臨床心理学研究, *12*, 65-71.

Snyder, C. R., Shenkel, R. J., & Lowery, C. R. (1977). Acceptance of personality interpretations: The Barnum effect and beyond. *Journal of Consulting and Clinical Psychology*, *45*, 104-114.

【コラム3　心理学における「性格」】「あの人は性格がいいね」などのように、普段の会話では、性格はその人の内面の特徴を表す言葉として使われています。同様の言葉に、人格もありますが、それらの使い分けはされていないことが多いようです。

　一方、心理学では、人格と性格、さらに類似した言葉として気質の3つを区別しています（託摩・鈴木・瀧本・松井，2004）。**気質**とは、発達のごく初期から現れる、生まれつきその人が持つ行動傾向を指します。気質は、生まれてから後も安定して認められ、その人の性格の基礎となります。一方、**性格**は、その人の経験を通じて形成される、後天的な特徴です。そして、**人格**は、気質と性格を含めて、広くその人を特徴づけるものを示します。日本語では、人格者などのように、道徳的な意味合いを含めることもありますが、心理学用語としての人格には含まれません。

　近年では、性格や人格よりも、パーソナリティ（personality）が使われています。これは、性格や人格という言葉が、個人のうちに閉ざされた固定的な要因として位置付けられてきたのに対し、普段の人間関係から広くは文化まで、個人を取り巻く社会的環境への適応や相互作用を視野に入れた、その人をその人らしくするものの探求という、研究の広がりを反映していると考えられます。

　このようにパーソナリティは広い概念ですが、これを複数の特性によって測定する試

表1　ビッグファイブの10項目 （小塩・阿部・カトローニ，2012）

	平均値	標準偏差
外向性		
1．活発で、外向的だと思う	3.89	1.70
6．ひかえめで、おとなしいと思う（＊）	4.06	1.63
協調性		
2．他人に不満をもち、もめごとを起こしやすいと思う（＊）	2.99	1.53
7．人に気をつかう、やさしい人間だと思う	4.47	1.23
勤勉性		
3．しっかりしていて、自分に厳しいと思う	3.19	1.44
8．だらしなく、うっかりしていると思う（＊）	5.05	1.46
神経症傾向		
4．心配性で、うろたえやすいと思う	5.00	1.60
9．冷静で、気分が安定していると思う（＊）	3.79	1.50
開放性		
5．新しいことが好きで、変わった考えをもつと思う	4.51	1.44
10．発想力に欠けた、平凡な人間だと思う（＊）	4.48	1.53

（＊）は逆転項目です。計算の際は、「8−自分の得点」の引き算をしてから、もう1つの項目と合計してください。

　　第2章　心理学と測定

みがなされています。研究者によって、1つの特性でパーソナリティを代表できるとする主張もあれば、2、3、5、7、それ以上と、様々な主張があります（高橋・山形・星野，2011）。このうち、最も研究数が多いのは、5つのパーソナリティ特性（外向性、協調性、勤勉性、神経症傾向、開放性）に着目した理論です。ビッグファイブまたは5因子モデルと呼ばれており、その測定尺度も開発されています。このうち、小塩・阿部・カトローニ（2012）の尺度を紹介します。回答は、「全く違うと思う（1点）」から「強くそう思う（7点）」までの7段階で行います。平均値および標準偏差を示しますので、本文で述べたやり方で、自分を振り返る機会として活用ください（表1）。

【引 用 文 献】

小塩真司・阿部晋吾・カトローニ（2012）．日本語版 Ten Item Personality Inventory（TIPI-J）作成の試み　パーソナリティ研究，*21*，40-52.

高橋雄介・山形伸二・星野崇宏．（2011）．パーソナリティ特性研究の新展開と経済学・疫学など他領域への貢献の可能性　心理学研究，*82*，63-76.

詫摩武俊・鈴木乙史・瀧本孝雄・松井 豊（2004）．性格心理学への招待――自分を知り他者を理解するために（新心理学ライブラリ）　サイエンス社

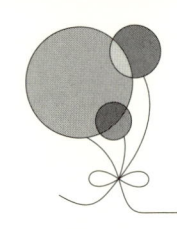

交流分析 03
自分は横一直線、対人関係は平行線

　私たちの生活は、家族や友人、知人など、他者との関わりで成り立っていると
いっても過言ではありません。対人関係は、私たちに喜びや安心を与えてくれる
素晴らしいものですが、時に、不安や戸惑いの源にもなります。「心理学を勉強
すると、人付き合いが上手くいくのでは」という期待を寄せている人もいるかも
しれません。それだけ、対人関係を良くしたいという要望が多いといえましょう。
その手がかりとして期待できるのが、臨床心理学での理論です。第3章では、交
流分析の理論を通じて、対人関係のヒントをみていきましょう。

■ 1．交流分析とは

　臨床心理学は、1人ひとりの心のあり様に寄り添うものであり、理論の提案・
検証と共に、実践的な知識も豊富に蓄えた領域です。**交流分析**もそのうちの1
つです。交流分析は、精神科医であるバーン（Berne, E.）によって提案された
性格理論・治療体系です（Berne, 1961）。臨床心理学の主要な学派である、精神
分析の流れを汲みながらも、バーンの鋭い洞察力や創造性によって展開された
理論です。

　交流分析では、悩みを抱える当人による気づきを出発点として、治療を行う
のが特徴です。悩みそれ自体への対処はもちろんですが、さらにその背後にあ
る価値観や願望まで、治療対象はその人の内面広くにわたります。そのため、
交流分析には多くの知識や技法が含まれますが、ここではその一部である、構
造分析と構造パターン分析を取り上げます。

■ 2．自分の中の複数の自分

　交流分析では、人は内面に"３つの私"を持つという考えを基本とします。そして、３つの私から自己理解を図る方法が、**構造分析**です。構造分析では、３つの**自我状態**、親（Parent: P）・大人（Adult: A）・子ども（Child: C）を想定します。詳しく分析する場合は、親と子どもをさらに２つに分け、５つの自我状態を想定します。親は批判的な親（Critical Parent: CP）と保護的な親（Nurturing Parent: NP）に分かれ、子どもは自由な子ども（Free Child: FC）と順応する子ども（Adapted Child: AC）に分かれます（図3-1）。

　P は、親や親的役割を果たした人の行動、思考を取り入れたものであり、良し悪しなど価値判断を行う自我状態です。P のうち、CP は、批判的、支配的な側面が強く現れます。もう一方の NP は、支持的、受容的な側面が強いものです。A は、今の自分がおかれた状況の中で、諸条件をふまえて冷静に考える自我状態にあたります。C は、幼い時に抱いていた感情や思考が中心となっている自我状態であり、様々な感情が含まれています。このうち、FC は喜びに満ちた状態で、この状態にいるとよく遊び、よく笑います。対照的に、AC

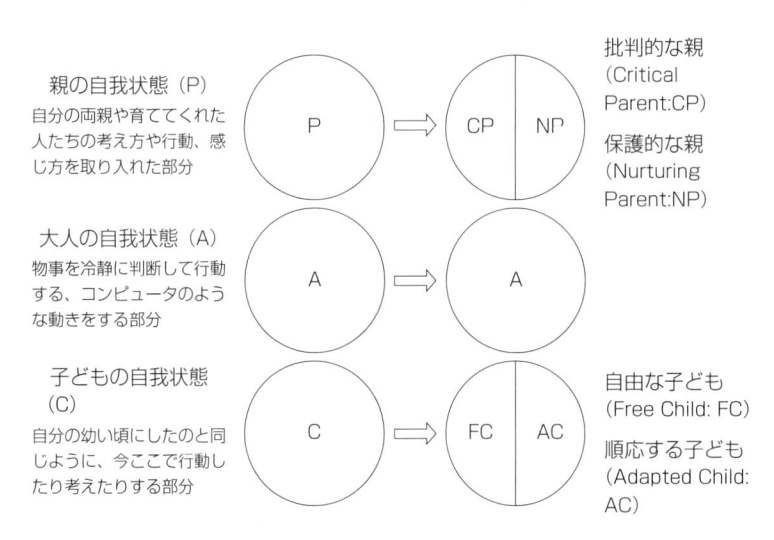

図3-1　個人における自我状態（杉田（2000）を参考に作成）

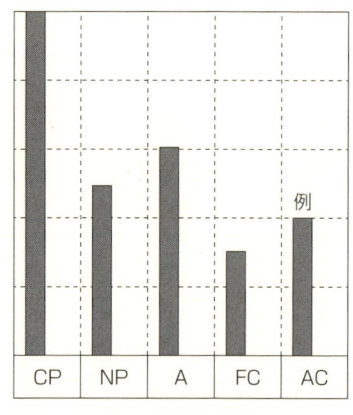

図3-2　自我状態の測定

は親など周囲に合わせて順応している状態で、相手の期待に沿うために妥協することもあります。

　個人の中にいる家族の中で、誰が優勢であるかは人により違いがあります。その違いは**エゴグラム**と呼ばれる心理検査によって測定することができ、家族それぞれの強さが数値化されます。エゴグラムは、5人家族に関する複数の質問項目によって構成されており、医療機関等で受けることができます。本章では、1人でも実施可能な方法をご紹介します（浅井・坂田, 2009）。図3-2に、昨日の自分を振り返ってみて、最も長く過ごした状態のところに、一番長い棒グラフを書きます。そして、最も短い時間を過ごした状態のところにも、一番短い棒グラフを書きます。図中の例を参考に、その右隣に自分の自我状態を表すグラフを作成してください。

　構造分析では、最も強い家族が、その個人が他者と関わる時に最前線に出ると考えられています。物事がうまくいっていない時は、過去に同じような状況で身に付けたパターンが現れている可能性があります。特に、PやCに現れることが多いようです。それゆえに、自分の中で最も強い家族を知ることは、他者とのコミュニケーションのパターンを認識するヒントになります。そして、もし人との関わり方を変えたいと望む場合は、今とは異なる自我状態が一番強かったらどうなるかと仮定するなど、自分を振り返り、これからの方向性を見出すヒントとして活用することができます。

3．構造パターン分析

　構造パターン分析は、人との間にかわされるやりとりを理解するための視点を提供します。具体的には、自分の心の中にいる家族、「親（P）」「大人（A）」「子ども（C）」の3人の自分を想定します。そして、3人の自分が自分と他人

の中にいるとみなし、自分の中の「誰」と他人の中の「誰」がやりとりを行っているかを理解するものです。

「親（P）」は、権威や義務を表し、「大人（A）」は理性、「子ども（C）」は感情を表すものと捉えてください。よって、Pが前面に出れば、相手に対し「〜しなさい」「〜すべきだ」という発言をすることになります。同様に、Aが出れば事実を客観的に述べ、Cが出れば感情を含んだ発言になります。このP、A、Cの働きが、自分が相手に発言する際にも、相手が自分に発言する際にも現れると考えます。その発言の向きを矢印に置き換えて、2つの矢印の関係を考察していきます。

矢印の関係（二者間のやりとり）は、大きく3つ、（1）相補的交流、（2）交叉的交流、（3）裏面的交流に分かれます。それぞれ詳しくみていきましょう。

（1）相補的交流

今、太郎さんと次郎さんがいて、それぞれ心の中にP、A、Cがいるとします（図3-3）。太郎さんが「明日の約束、何時だっけ？」と尋ねたのに対し、次郎さんは「4時だよ」と答えました。この時、太郎さんの発言は事実を尋ねるものですから、Aから発せられたと考えられます。一方、次郎さんの答えも事実を伝えるものであり、同じくAから発せられたといえます。この場合、太郎さんから次郎さんへの→、次郎さんから太郎さんへの→は、平行になります。矢印が平行な時には、トラブルは生じず、スムーズなやりとりで終わります。このようなやりとりを、相補的交流といいます。

（2）交叉的交流

今度も、太郎さんと次郎さんのやりとりです（図3-4）。先と同じように、太郎さんが「明日の約束、何時だっけ？」と尋ねたのに対し、今度は次郎さんが「なんでそんな大事な約束、忘れるんだよ！」と怒った口調で返答したとし

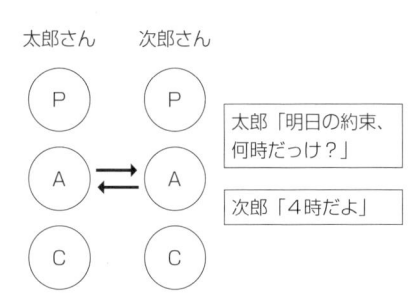

図3-3　相補的交流（スムーズな交流）

ます。この時、太郎さんは約束の時間を忘れていたのではなく、確認のために尋ねただけかもしれません。しかし、次郎さんは太郎さんが自分との約束を忘れたと捉え、太郎さんの「すまない」という感情を喚起させようとして、次郎さんのPから太郎さんのCへと矢印が返されたといえます。このように、矢印が交差すると、双方にとって不快な感情が生じます。これが交叉的交流です。

　さらに、自分を非難する次郎さんに対して、太郎さんが「そんな言い方することないだろう！」と怒りを表したらどうでしょうか（図3-5）。太郎さんは、次郎さんのCからの謝罪を求めていますから、再度、PからCへの矢印です。そうしたら次郎さんだって黙ってはいません。「お前が失礼なこというからだ！」と、やりとりはエスカレートします。このように、いったん交叉的交流が生じると、1回のやりとりでは済まず、何度も矢印の×が繰り返される傾向があります。後に残るのは、不快な気持ちです。

　このような不毛の交叉的交流を終わらせるには、どうしたらよいでしょうか。交流分析には、「今から、自分から変わる」という言葉があります。これには、過去と他人は変えられない。だからこそ、変えることが可能な現在から、自分から変わっていこうという意味が含まれています。例えば、太郎さんが「明日の約束、何時だっけ」と尋ねてきた時、次郎さんが「4時だよ」と答えていたら、どうだったでしょうか。もしかすると、太郎さんは「メモには4時と書いてあるけど、もしかしたら14時かもしれないと心配になってさ」と答えるかもしれません。この返答を聞いて、次郎さんは「怒らなくてよかった

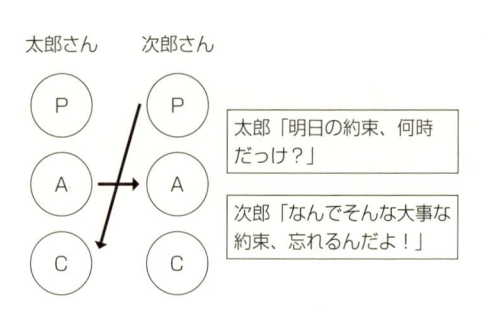

図3-4　交叉的交流（行き違いの交流）

太郎「明日の約束、何時だっけ？」

次郎「なんでそんな大事な約束、忘れるんだよ！」

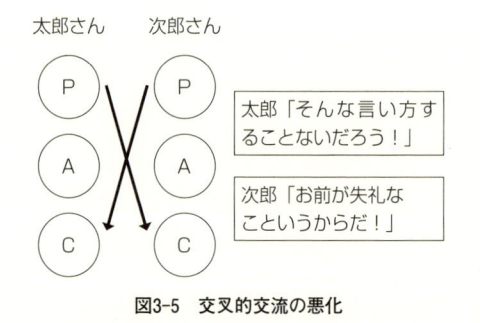

図3-5　交叉的交流の悪化

太郎「そんな言い方することないだろう！」

次郎「お前が失礼なこというからだ！」

……」と安堵することでしょう。

　このように、怒りを抱いたり、傷ついた感情を体験したりする、つまりC の自我状態が優勢になる、または相手を批判するPが前面に出ると、コミュニケーションがこじれることがあります。こういう場合には、冷静な自我状態であるAを意識することも有効です。

（3）裏面的交流

　今度は、別のケースを考えてみましょう。太郎さんと花子さんのやりとりです。2人は待ち合わせをして、花子さんが先に着いたようです。花子「どうして時間通りに来ないのよ」。これに対し太郎さんは、「いろいろ立て込んでたんだよ」とそっけない態度です。2人の間は、一触即発かと思いきや、そうならずに会話は終結したようです。どうしてでしょうか。

　2人のやりとりを確かめてみますと、表向きは、確かに矢印が交叉しています（図3-6の実線矢印）。しかし、この図には矢印がもう1種類あります。点線の矢印です。この2種類の矢印は、いわゆるホンネとタテマエを表しています。点線の矢印は「ホンネ」のやりとりです。ホンネですから、表立って話される言葉ではなく、2人の心のうちで発せられる気持ちです。花子さんのホンネは、「すごく心配したの。寂しかったの」であり、これに対する太郎さんのホンネは「俺も会いたかったよ」だったとします。お互い、感情的側面である子どものCによって交流が成立しています。このようなやりとりでは、タテマエの矢印が交わっていますが、ホンネの矢印が平行ですので、わだかまりを残しま

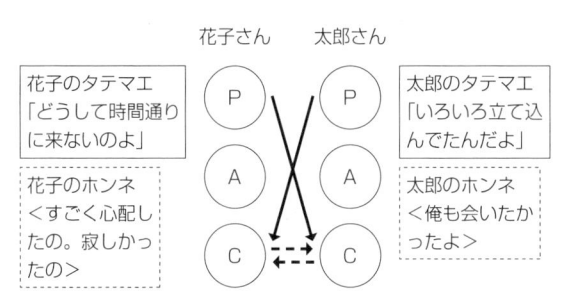

図3-6　裏面的交流（夫婦喧嘩のパターン）

せん。いわゆる「夫婦喧嘩は犬も食わない」という状態です。

　しかし残念ながら、裏面的交流は、このような微笑ましいものばかりではありません。より複雑で、対応の難しい場合もあります。架空の例をみてみましょう（図3-7）。母と子のやりとりです。子どもには、何かうまくいかないことがあるのでしょう。「お母さんだって、僕のこと駄目な子だって思ってるんだろう！」と強い言葉を投げつけています。この時の子どものホンネは、〈駄目な自分でも、愛してほしい〉かもしれません。これに対し、母親が「そんなことないわよ」と返したとします。この時に母親は心からそう思っていたとしても、子どもが勘ぐって、お母さんのホンネは〈もっと出来のいい子だったらよかったのに〉だと勘違いしてしまうかもしれません。母親としては、子どもに「自分は駄目な子だと思っているんだろう」と聞かれたので、素直に「そうではない」と返答しただけなのですが。このように、裏面的交流を想定すると、言葉と反するホンネがないか、相手を疑い続けることになりがちです。

　それにもかかわらず、ホンネを受け止めてほしいという気持ちを満たすために、子ども側からの働きかけが続きます。親の方も、次第に不快な感情が高まって、「そんなことないって言ってるじゃないの！」と怒りの言葉を返すかもしれません。親のホンネも〈もういい加減にして〉という拒否に至るかもしれません（図3-8）。子どもが本来望んでいたのは親に受け止めてもらうことだったのに、これでは逆効果です。しかし、子どもは親の否定的な反応を引き出すような発言をやめることができません。これはゲームと呼ばれる状

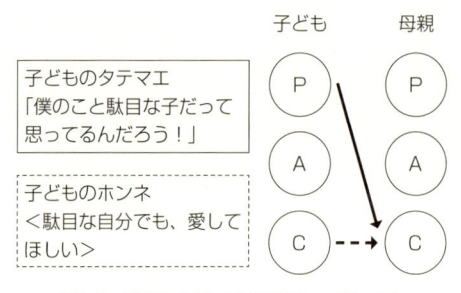

図3-7　裏面的交流（対応が難しいパターン）

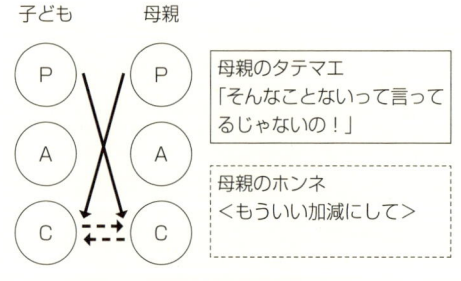

図3-8　裏面的交流での決裂（ゲーム）

表3-1　ストロークの分類 （杉田（2000）より一部改変）

	身体的	言語的
肯定的（快）	頭をなでる 背中をさする	ほめる 話を聞く
否定的（不快）	殴る つねる	文句を言う 非難する

態です。ゲームは、双方が最後には不快な思いを抱くとわかっているのにやめられないやりとりのことです。

　なぜゲームをやめることができないのでしょうか。交流分析では、私たちは他者からの刺激を欲する存在だと考えます。他者からの刺激はストロークと呼ばれ、肯定的なものと否定的なものの2種類があります（表3-1）。肯定的なストロークは、頭をなでる、背中をさする、ほめる、話を聞くなど、当人にとって快い刺激です。一方で、否定的なストロークは、殴る、つねる、文句を言う、非難するなど、不快な刺激を指します。私たちは本来、肯定的なストロークを求めますが、どうしてもそれが得られない時は、否定的なストロークで代用します。不快になるような刺激は求めずに済めばいいのですが、それでも「全く刺激が得られない」よりはずっとマシです。誰かに無視されるのは辛く悲しい体験です。それよりも、たとえ否定的でも、誰かと関わりを持ちたいと思うのが私たちの性質なのでしょう。

　裏面的交流を終わらせるのも、交叉的交流の終結と基本的には同じです。「今から、自分から」です。今回のように、親と子どもといった対等ではない関係の場合は、立場が上の者（親）が対応を変えて、子どものホンネに平行する、肯定的ストロークを返すことが求められます。例えば、「あなたは辛い思いをしているのね」と子どもに共感することもできますし、「それでも私はあなたを大事に思ってる」と受容を示すこともできます（図3-9）。子どもからの働きかけは、表面上はPからCへの働きかけですが、本心はC同士の交流を望んでいます。表面的な言葉にとらわれずに、相手が何を望んでいるのかを理解する（理解しようと努める）のが、裏面的交流を終わらせるポイントといえます。

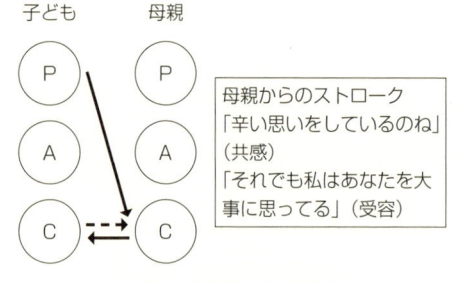

子ども　　　母親

P　　　　P

A　　　　A

母親からのストローク
「辛い思いをしているのね」
（共感）
「それでも私はあなたを大
事に思ってる」（受容）

C　　　　C

図3-9　裏面的交流の終結

ゲームが生じているということは、平行な交流を望んでいるのにそれが得られないしるしでもあるのでしょう。

　私たちは、日々複雑な人間関係におかれ、悩むことも多々あります。"３つの私"は、その解決へのヒントを得られる手段の１つです。目の前の人との交流が、平行なのか交叉しているのか。交流分析は、自身の交流のあり様を見つめる際の視点を提供してくれます。

【より深く学びたい人のために】

岩壁　茂・福島哲夫・伊藤絵美（2013）．臨床心理学入門——多様なアプローチを越境する　有斐閣：臨床心理学について、歴史から、意義、理論、研究方法、臨床家への道のりまで、幅広い知識を身に付けることができます。現代の臨床心理学の姿を理解するのに必要な知識に満ちています。

浅井千穂・坂田芳美（2009）．入門 TA——あなたの人間関係を COOL-UP！するはじめの１冊　TA 教育研究会：書名の通り、交流分析の全容を知る最初の１冊として最適です。ワークが豊富に用意されており、知識のない初学者でも、体験しながら交流分析を理解することができます。

スチュアート, I. 日本交流分析学会（訳）（2015）．エリック・バーンの交流分析——フロイト、ユング、アドラーを超える心理学　実業之日本社：交流分析の創始者、バーンの生涯を始め、理論や実践に関する紹介を豊富な事例を通じて伝えています。その他の心理療法との関係も考察しており、各種の心理療法も知ることができます。

【引 用 文 献】

Berne, E. (1961). *Transactional analysis in psychotherapy: A systematic individual and social psychiatry.* New York, NY : Grove Press.

杉田峰康（2000）．新しい交流分析の実際——TA・ゲシュタルト療法の試み　創元社

浅井千穂・坂田芳美（2009）．入門 TA——あなたの人間関係を COOL-UP！するはじめの１冊　TA 教育研究会

【コラム4　精神分析：心の中のダイナミズムに迫る】　20世紀の3大発見は、アインシュタインによる相対性理論（物理学）、ダーウィンによる進化論（生物学）、そして、フロイト（Freud, S.）による無意識だといわれています。フロイトは、オーストリアで神経学の博士号を取得後、開業医として出発し、後に精神分析を創始しました。彼の理論は、精神医学や心理学にとどまらず、社会思想としても大きな影響を与えました。現在でも、精神医学や臨床心理学の主要な学派として位置付けられています。そのように重要な理論とは、どのようなものでしょうか。

　精神分析は、人の心の中には、意識（自我）が届かない領域があると考えます。これを無意識（ドイツ語：エス、ラテン語：イド）といい、幼い頃の思い出したくない記憶や、意識すると本人にとって脅威となるような都合の悪い衝動や恐怖感が含まれています（図1）。無意識は、普段は意識によって抑圧されていますが、心の中のエネルギー（性的エネルギーであるリビドー、後に死の本能タナトスが重視される）が移動・増減し、意識と無意識の力関係のバランスが崩れると、精神的な症状が現れます。そこで、無意識にある心的エネルギーを意識化することが、症状改善の方法になります。フロイトは、自由連想や夢分析を通じて、無意識の内容を意識化する「解釈」による治療法を打ち立てました。意識―無意識からなる心の構造は、後に、両親などから教えられた道徳・倫理観を含む超自我が加えられ、超自我―自我―無意識の3つに変更されました。

　フロイトが発見した無意識は、彼の弟子であったユングやアドラー、エリクソン、娘のアンナ・フロイト等によって、世界的に広まっていきました。彼らの理論は総称して精神力動アプローチといわれ、心の中の葛藤や抑圧を中心とした人間理解・治療に役立っています。

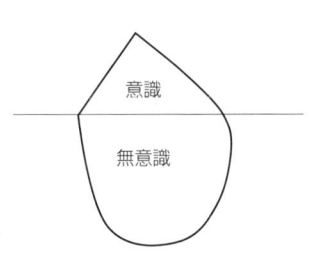

意識

無意識

図1　水面に浮かぶ氷山でのたとえ

【コラム5　人間性中心の心理療法】　1920年代から、心理学では人間行動において環境の影響を最重要視する行動主義（第12章参照）が主流でした。これと同時に影響力が強かった精神分析理論では（前出コラム4参照）、人間をエスと超自我に翻弄される存在として位置付けたといえます。すなわち、人間は、環境やエスといった、自分の意志の外にある要因によって決定される存在とみなされていました。しかし人間には、本来自己を内省し、成長を目指し、自己決定する能力が備わっているはずであると考え、これを支援する心理療法が1940年代頃から現れ始めます。このように、人間や人生のあり方、その可能性の開花を前提とする立場をヒューマニスティックアプローチといいます（第6章、第7章で紹介するマズローもこのアプローチの提唱者です）。

　来談者中心療法は、その代表的な心理療法の1つです。ロジャース（Rogers, C.）によって提案されたもので、悩みの解決方法は来談者（クライエント）の中にあり、治療者は、来談者自身がその解決に気づく手伝いをする存在と位置付けます。したがって、来談者に対する指示や診断は行いません。治療者との受容的な関係でのカウンセリングを通じて、その人が抱いている感情や考えを自ら見出し、それを言葉にする過程を重視します。

　こうした治療的関係を築くために、治療者には多様な資質が求められます。例えば、共感は、広く心理療法に求められる要因です。特に、来談者中心療法でいう共感とは、相手の話にあいづちをうったり、「辛かったんですね」など心情に同調したりするだけではなく、治療者が、カウンセリングの場で来談者が今どのように感じているかを常に理解しようとし、治療者の理解を言葉によって返すことをいいます。こうして、治療者に理解されたと実感した来談者は、自らの内面への気づきを深め、自己実現へのプロセスを進めていきます。

対 人 関 係
恋愛行動の傾向と対策

　学生のみなさんに、授業で取り上げてほしいテーマを尋ねますと、多くは「恋愛！」と答えが返ってきます。どうやら、心理学を勉強すると「気になる人の心がわかる」ようになったり、「相手を虜にする」テクニックを身に付けられたりすると、期待しているようです。しかし、実際に心理学で行っているのは、大勢の人を対象に、恋愛に関するデータを得て、一般的な傾向を読み取る、という地道な努力です。第4章では、そうした「真面目な」恋愛研究を紹介していきます。そして、「真面目な」研究だからこそ解明できる、恋愛行動をみていきましょう。

1. 心理学と恋愛

　恋愛は、私たちにとって身近で、重要な事項であることに異論はないでしょう。恋愛によって、生活は実りあるものになり、人格的な成長も見込まれます。それ以上に、自分でやめようと思ってもやめられない、私たちを惹きつけてやまないものとも言えます。

　心理学で恋愛が研究されるようになったのは、そう古い話ではありません。最も古い研究でも1940年代、より詳細に研究され始めたのは1960年代に入ってからです。なぜ研究までに時間がかかったかといえば、「恋愛」があまりにも身近すぎたせいかもしれません（他にも、「お金」と「食」といった身近な事象も、心理学のスポットライトの外にいたといえます。「お金」については第5章、「食」については第10章を参照してください）。

　研究までに時間を要したもう1つの理由として、「恋愛」の曖昧さをあげることができます。恋愛とは何か。これは答えるのが難しい質問ですね。『広辞苑（第5版）』によれば、「男女が互いに相手をこいしたうこと」、とあります。『新明解国語辞典』（第5版）では、恋愛は「特定の異性に特別の愛情をいだき、

高揚した気分で、二人だけで一緒にいたい、精神的な一体感を分かち合いたい、出来るなら肉体的な一体感も得たいと願いながら、常にはかなえられないで、やるせない思いに駆られたり、まれにかなえられて歓喜したりする状態に身を置くこと」と定義付けされています。他にも、多様な定義が存在しており、これぞ恋愛という決定的な説明をするのは難しそうです。心とは何か、と同じですね。

2．恋愛の理論

　研究をする上で、研究対象の定義を避けることはできません。そこで、1980年前後の、恋愛に関する初期の心理学研究では、定義に関する研究がなされ、それ以後の研究の礎となりました。では、心理学では恋愛をどのように捉えているのでしょうか。以下にみていきましょう。

（1）恋のカタチ

　恋愛理論の１つに、**愛の三角理論**があります（Sternberg, 1987）。この理論では、愛の３要素、①親密性、②情熱、③コミットメントを想定します（図4-1上部）。①親密性は、親しさや相手とつながっているという感覚、温かさとして経験されるものです。②情熱は、相手とのロマンスや身体的魅力によって引き起こされます。③コミットメントは関係を維持しようとする意思で、短期的には愛するという決定、長期的には愛を持続させる意思を指します。愛の三角理論では、これら３つの要素を三角形のそれぞれの頂点に置いて恋愛を捉えます。各要素が強いほど辺の長さが長くなり、３辺の長さの違いによって様々な三角形ができます。それが様々な「愛のカタチ」になるということです。そのカ

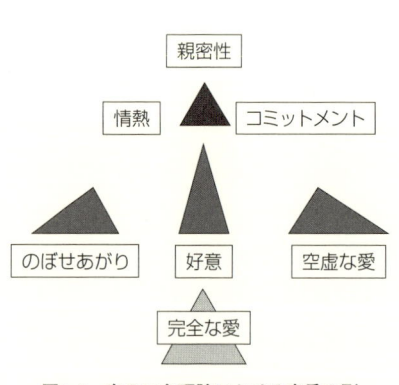

図4-1　恋の三角理論における恋愛の形

タチは、大きく3種類が想定されます（図4-1中部）。

　まず、情熱の頂点だけが、他の2つよりも度合いが高い場合です。これは「のぼせあがり」と呼ばれます。親密性が高くないため、本人だけが燃え上がり、相手はその気持ちも知らないケースなどが当てはまります。次に、親密性だけが高い場合は「好意」と呼ばれ、同性同士の友情なども含む、広い意味での友愛を示します。最後に、コミットメントだけが高い場合は「空虚な愛」と呼ばれます。相手の意向を無視して、自分だけでこの恋愛を続けることを決めてしまう、独りよがりの傾向があります。

　これらの3つの場合のように、どれか1つの辺でも、長さが欠けるものがあると、不完全な愛になります。親密性、情熱、コミットメントの3つがそろって強い程度となる時、完全な愛となります（図4-1下部）。

　さて、愛の三角理論の3要素を、新明解国語辞典における恋愛に当てはめてみるとどうでしょう。②情熱は「特別の愛情」「高揚した気分」「やるせない思い」「（まれにかなえられて）歓喜」、③コミットメントは「二人だけで一緒にいたい」「精神的（肉体的）な一体感」に当てはまりそうです。①の親密性に該当する記述は、どうもなさそうです。したがって、この恋愛は、「のぼせあがり」＋「空虚な愛」の混合型ではないかと推測されます。つまり、俗にいう片思いにあたりそうです。

（2）恋　の　色

　心理学の恋愛理論には、形に加え「色」に関する理論もあります。これは、**恋愛の色彩理論**として、よく知られているものです（Lee, 1973）。この理論は、文芸作品（小説や戯曲など）の中から恋愛に関する記述を集めて、同様な恋愛パターンを示しているものをまとめていき、最終的に6つの類型に集約したものです。6つの恋愛類型は、それぞれ表4-1に示す特徴を持っています。

　この6類型のうち、個人がどれに当てはまるかを調べる心理尺度が、松井ら（1990）によって作成されています（章末のコラム6参照）。図4-2に、大学生299名を対象に、私が担当する講義科目で実施した恋愛類型の測定結果を表示します。このデータは2016年に測定しました。松井（1993）では大学生で最も多いのは

表4-1　Leeの恋愛類型論における各種類の特徴（松井（1993）を一部改変）

ルダス（Ludus）遊びの愛	マニア（Mania）狂気的な愛
恋愛をゲームとして捉え、楽しむことを大切にする恋愛。交際相手に執着せず、嫉妬や独占欲を示すことはあまりない。複数の相手とも交際可能だが、いずれの相手とも距離をとって付き合うため、自分のプライバシーにふみ込まれることを好まない。	激しい感情を持つ。独占欲が強く、憑執、悲哀などの激しい感情を持つ。強迫的で、嫉妬深く、熱中し、愛されていることを繰り返し確かめたがる。相手が他の異性の話をするだけで、嫉妬心に駆られ、相手の誠実さに疑いを持ったりする。
プラグマ（Pragma）実利的な愛	エロス（Eros）美への愛
恋愛を地位の上昇などの恋愛以外の目的を達成するための手段と考えている。社会的に高い地位に就きたいとか、よい家庭を持ちたいなど、様々な目的に沿って、恋愛相手を選択する。見合いによる結婚が好例。	恋人の外見に強烈な反応を起こす恋愛。極めて強い一目惚れを起こす。恋人の中に自分の理想の外見を見つけだし、相手の外見の美しさを褒め称え、人にも話す。恋愛を至上のものと考えていて、ロマンチックな考えや行動をとる。
ストーゲイ（Storge）友愛的な愛	アガペ（Agape）愛他的な愛
穏やかな友愛的な恋愛。長い時間をかけて知らず知らずのうちに愛が育まれる。多くの場合、自分たちも恋愛をしていることに気づかない。友情や仲間意識に近い感情を持っているので、激しい嫉妬や不安などは感じない。	相手の利益だけを考え、相手のために自分自身を犠牲にすることもいとわない愛。嫉妬をしないで、相手のために気を使い、自分のすることに見返りを求めない。お返しに自分を愛してくれることさえも求めない。

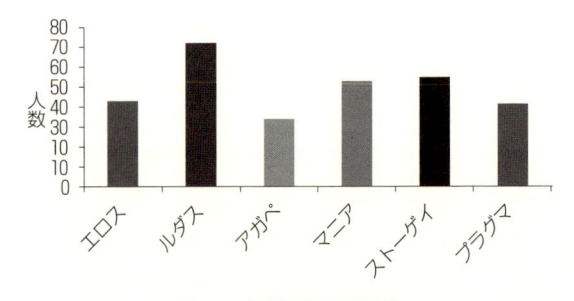

図4-2　恋愛類型の該当者数

マニア型でしたが、このデータではルダス型が最も多くみられました。時代の変化による違いなのか、またはサンプルが異なるためなのか、結論を得るにはさらなる調査が必要です。

　さて、この理論が色彩理論といわれるのは、類型同士の関係を色相環になぞらえて理解するためです（図4-3）。色相環は、色同士の類似性を示します。例

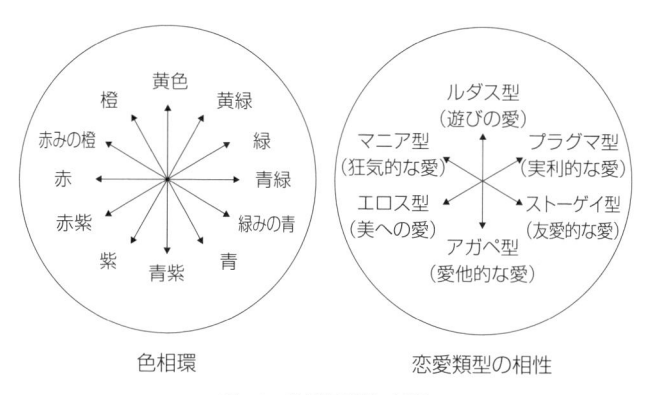

色相環　　　　　　　　　恋愛類型の相性

図4-3　恋愛類型間の関係

えば、円の上部にある黄色は、隣にある黄緑や橙と光の波長が似ていることを示しています。これと同じことが恋愛の色相環にも当てはまり、隣同士に位置する恋愛類型は類似性が高く、似た者同士で相性が良いことになります。では、黄色と、対面にある青紫色はどのような関係にあるでしょうか。この2色は全く異なる光の波長同士であり、混ぜ合わせると「黒色」になります。このような関係にある2色を互いの**補色**といいます。では、恋愛類型に立ち返って、対面に位置する類型同士はどうでしょうか。色相環では補色関係に該当しますから、2つの類型は混ぜ合わせると「真っ黒」。相性はかなり悪いことがわかります。だからといってこの相性だけで恋愛が上手くいくかどうかが決まるのではありません。基本的には相性が良くなくても、それを補う努力によって2人の関係は大きく変わります（どう努力するかは、次節を参照）。また反対に、お互いの相性が良いことを理由に努力をしなければ、関係性が悪くなることも十分ありえます。

（3）色彩理論の展開

　恋愛の色彩理論における6類型は、相性以外にも恋愛研究に応用されています。例えば、恋愛の持続についてです。6類型の中では、エロス、アガペの2つが恋愛を持続する要素として位置付けられています。考えてみれば、この2つがないと恋愛が長続きしないのは納得がいきますね。相手に強く惹きつけら

れるエロスがなければ恋はすぐに終わってしまいますし、相手を優先して思いやるアガペがなければ、身勝手な行動ばかりで愛想をつかされてしまうかもしれません。「運命の相手に出会うよりも、出会った頃の気持ちを持ち続けることの方が、数倍も難しい」という言葉もある通り、恋した気持ちを維持するには、それなりの努力が必要なようです。エロスとアガペは、恋愛相手によって高めてもらうものではなく、自らの努力によって高めるものでもあるのでしょう。

3. 片思いの仕組みを探る

　これまで紹介した恋愛の三角理論や色彩理論は、恋愛という現象に限定した理論でしたが、恋愛以外で検討された研究結果が恋愛に適用できることもあります。その例として結晶化を紹介しましょう (松井, 1993)。これは、名前の通り、一定の感情が固まることを説明する理論です。私たちは、ある人物について「好き／嫌い」「感じがいい／感じが悪い」といった感情を抱きます。通常は、ある感情を抱いても、その人との関わり合いを通じて様々に変化していきます。しかし、その人物と接触しないでいると、当初の感情が"強まる"方向で変化することが知られています。これが結晶化です。例えば、一度嫌な感情を感じた相手に対して、その後その人と会うよりも、会わずにいる方が、相手への嫌な感情が強まることになります。会わない方が感情が強くなるとは意外ですね。本当にそうなの？と疑いたくなりますが、結晶化は実験によっても確かめられています。その研究をみてみましょう (Tesser, 1978)。

　この研究では、大学生を対象に、他者への印象形成に関する実験と称して、次の課題を行うよう求めました。まず、2人1組のペアを組んでもらい、お互いに自己紹介をします。その後、互いの評価を行うのですが、実は2人のうち1人はサクラであり、実験者から特定の人物を演じてもらうように指示されています。サクラが演じる人物は2通りあり、1つは謙虚な好人物、もう1つが傲慢な悪人物です。もちろん、好人物よりも悪人物に対する評価の方が否定的になります。当然と言えば当然の結果ですが、その評価の「方法」に実験のね

らいがあります。評価方法
にも２条件が設けられてお
り、評価対象の人物につい
て４分間熟慮した後に評価
してもらうというのが１つ、
もう１つは同じく４分間数
字の計算をした後に評価し

表4-2　結晶化の実験デザイン

	評価対象の人柄	
	好人物	悪人物
評価方法（4分後）		
対象者の熟慮	好人物／熟慮	悪人物／熟慮
計算問題	好人物／妨害	悪人物／妨害

てもらう（＝相手について考えるのを妨害する）という条件です。人物の人柄が２
通り、評価方法が２通り、２×２＝４通りの条件があることになります（表
4-2）。

　実験の結果、４つの条件のうち最も対象者の評価が肯定的だったのは、「謙
虚な好人物」について４分間「熟慮」した場合でした（図4-4）。一方、同じく
「謙虚な好人物」への評価であるのに、４分間計算をして、相手について考え
るのを「妨害」した条件では、評価が低く見積もられていました。これは、相
手について考えれば考えるほど、当初に抱いた評価が強まる方向に変化するた
めと推測できます。つまり、結晶化が起きたわけです。「傲慢な悪人物」につ
いては、「熟慮」条件の方が「妨害」条件よりも評価が低くなっていました。
この場合は、当初の評価が悪かったため、悪い度合いが強まる方向に変化した
ためです。

　この結晶化は、恋愛では「片思い」に置き換えることができます。恋をすれ
ば、いつでもその人のことを考えてしまい、ますます想いは募ります。これで
十分結晶化は生じますが、片思いの場合はさらに、相手に接触できる時間も限
られているという条件も加わります。本人
に会えないと、当初の評価に反する事実に
直面することはあまりありません。素敵だ
なと思った人が、家でだらしない恰好をし
ている場面を見ることはまずないですね。
幻滅する現実を知ることなく相手について
考えるのですから、結晶化が加速するのは

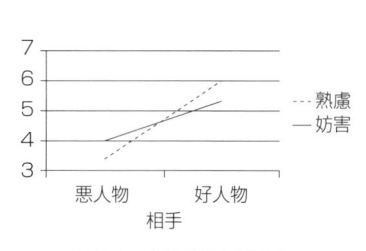

図4-4　評価方法と好意度

容易です。だからこそ、会えない相手への恋心は募るばかり、といえましょう。

4. 恋愛関係の質と、その男女差

　好きな人と付き合うことができれば大変喜ばしいことですが、さらに深い恋愛関係を築くためには、どうすればよいのでしょうか。

　古村（2017）は、恋愛関係にある異性愛カップル91組を対象に、恋愛関係に対する接近・回避コミットメントを測定し、感情経験（好き、尊敬などのポジティブなものと、辛い、面倒などのネガティブなものの、どちらが強いか）への影響を検討しました。接近コミットメントとは、関係継続によって生じる報酬への接近を目標とするものです。例えば、一緒にいることで得る喜びや満足感を求めるから付き合うといったことです。もう1つの回避コミットメントは、関係崩壊と関連する罰からの回避を目標とします。例えば、今までつぎ込んできた時間と金銭を失いたくないから付き合うといったことです。

　分析の結果、男女とも、接近コミットメントが高いと、感情経験がポジティブになっていました。言い換えれば、自分が恋愛関係に積極的に向き合うことで、自らポジティブな感情を生み出せること示唆しているのではないでしょうか。

　さらに、パートナーの接近・回避コミットメントから与えられる影響を分析すると、男性の接近コミットメントが高いと、女性の感情経験がポジティブになることが示されました。一方、女性の接近コミットメントについては、男性の感情経験への影響がみられませんでした。これは、男性の方が、接近コミットメントが高いと、対話が増えたり、気持ちを伝えたり等の関係維持行動が増えることと、一方で、女性は、男性よりも関係維持行動に気づきやすく、さらに、関係維持行動に気づくことで恋人への愛情を強める傾向にあることが理由としてあげられます。先の結果も含めて考えると、男性は、接近コミットメントを高めることで、自分もパートナーの女性も、感情経験がポジティブになるといえます。女性は、接近コミットメントが高くても、パートナーの男性の感情経験には影響しないかもしれませんが、自分自身の感情経験をポジティブに

するために、積極的に恋愛関係に関与するのが望ましいと考えられます。

　また、この研究からは、別れについても示唆が得られました。自分の接近コミットメントが弱い場合に、自分の回避コミットメントが高いと、感情経験がネガティブに傾きやすいことも示されました。これは、接近コミットメントが高い場合には、関係終結に伴う損失を考えないためにポジティブな感情経験が維持されますが、接近コミットメントが低い場合には、終結コストが想像され、かつ、回避コミットメントが高いために、恋愛関係と自分の損得を結び付けて考え、関係終結によって生じるネガティブな感情が強まったと考えられます。こんなに時間をかけたのに、こんなに尽くしたのに、と、今までの関係を悔やんでも、自分の気持ちは晴れないということでしょう。それよりもむしろ、この関係から得られたことを振り返る方が、恋愛関係を望ましく捉えられそうです。接近コミットメントが高い関係であったのであれば、得たものはなおさら大きいのではないでしょうか。

　恋愛を通じて、心理学研究が真面目であることが伝わったでしょうか。心理学研究それ自体は、現実の役には立たないようにみえるかもしれません。しかし、それを実際の文脈において活用すると、予想以上に役に立つ可能性もあります。理論や研究を知っているのは知識の状態ですが、自分の役に立つように現実の状況と結び付けることができた時、知識は知恵になります。ここで紹介した研究も含め、心理学の多くの知識を、みなさん自身で恋愛や生活の知恵に高めてもらえることを期待しています。

【より深く学びたい人のために】

松井　豊（1993）．恋ごころの科学（セレクション社会心理学12）　サイエンス社：本章で紹介した理論も含め、恋愛の始まりから終わりまでの心理学的研究を網羅しています。なおかつ、研究の魅力や特徴がわかりやすく説明されており、心理学研究の導入書にも適しています。
越智啓太（2015）．恋愛の科学——出会いと別れをめぐる心理学　実務教育出版：恋愛の始まりから終わりまで、豊富な研究例が紹介されています。昨今問題になっているデートバイオレンスやストーカーに関する章が含まれているのが特徴的です。
深田博己（1999）．コミュニケーション心理学——心理学的コミュニケーション論への招待　北大路書房：コミュニケーションを、認知、言語等の基礎研究領域から、教育や臨床、

文化といった応用領域まで、多彩な心理学の視点で捉えています。広く心理学を知りたいけれど、辞書タイプの本ではない内容を求めている方に。

【引 用 文 献】

金田一京助・山田 忠雄・柴田 武・酒井憲二・倉持保男・山田 明雄 (1997). 新明解国語辞典 第5版 三省堂

古村健太郎 (2017). 接近・回避コミットメントが恋愛関係における感情経験に与える影響――行為者―パートナー相互依存性調整モデル（APIMoM）による検討 実験社会心理学研究 *56*, 195-206.

Lee, J. A. (1973). The colors of love. DonMills, out : New Press

松井 豊 (1993). 恋ごころの科学（セレクション社会心理学12） サイエンス社

松井 豊・木賊知美・立澤晴美・大久保宏美・大前晴美・岡村美樹・米田佳美 (1990). 青年の恋愛に関する測定尺度の構成 東京都立立川短期大学紀要, *23*, 13-23.

新村 出 (1998). 広辞苑 第5版 岩波書店

Sternberg, R. J. (1987). Liking versus loving: A comparative evaluation of theories. Psychological Bulletin, *102*, 331-345.

Tesser, A. (1978). Self-generated attitude change. In L. Berkowitz (Ed.), *Advances in experimental social psychology*, *11*, pp. 289-338. New York, NY : Academic Press.

【コラム6　恋愛類型の測定：LETS-2（Lee's Love Type Scale 2nd version）】　松井ら（1990）により作成された尺度を紹介します。以下の項目について、自分のペースで回答してください。最後に、集計の仕方が説明されているので、これに従って6類型の得点を計算してください。最も得点の高いものが、あなたの恋愛類型になります。

　まず「恋人や好きな人もしくは、家族以外であなたにとってもっとも親しい人」についてうかがいます。

　　1　その人の年齢は何歳ですか。＿＿＿＿＿＿＿＿歳

　　2　その人はあなたにとって下記のどの言葉に一番よく当てはまりますか。1つだけ○をつけてください。

　　1．恋人　　　2．ボーイフレンド・ガールフレンド　　　3．婚約者・配偶者
　　4．片思い　　4．親友　　　6．友だち　　　7．その他
　　8．当てはまる人はいない（→47にとんでください）

　次にその人に対するあなたの気持ちや行動についてうかがいます。以下の「彼（女）」のところに「その人」を当てはめて、以下の文章にお答えください。

よく当て はまる…1	少し当て はまる…2	どちらとも いえない…3	あまり当て はまらない…4	まったく当て はまらない…5

E　3　彼（女）と私は会うとすぐにお互いひかれあった。

S　4　私たちの、友情がいつ愛に変わったのか、はっきりとは言えない。

L　5　私は、彼（女）に対してどう関わっているかについて、少し曖昧にしておこうと気をつけている。

A　6　彼（女）が苦しむくらいなら、私自身が苦しんだ方がました。

E　7　彼（女）と私は、外見的にうまく釣り合っている。

S　8　私は、愛する人といつまでも友人でいようと思う。

A　9　私自身の幸福よりも、彼（女）の幸福が優先しないと、私は幸福にはなれない。

M　10　彼（女）が私を気にかけてくれない時、私はすっかり気がめいってしまう。

S　11　私たちの友情は、時間をかけて次第に愛へと変わった。

A　12　彼（女）の望みをかなえるためなら、私自身の望みはいつでも喜んで犠牲にできる。

M　13　彼（女）が誰かほかの人と付き合っているのではないかと疑うと、私は落

ち着いていられない。

E　14　彼（女）と私は、お互いに結び付いていると感じる。

E　15　彼（女）と私はかなり早く、感情的にのめり込んでしまった。

S　16　私は彼（女）との友情を大切にしたい。

L　17　彼（女）が私に頼りすぎるときには、私は少し身を引きたくなる。

M　18　私は気がつくと、いつも彼（女）のことを考えている。

E　19　彼（女）と私はお互いに、本当に理解しあっている。

L　20　彼（女）に期待をもたせたり、彼（女）が恋に夢中にならないように気をつけている。

M　21　彼（女）が私以外の異性と楽しそうにしていると、気になって仕方がない。

E　22　その人と一緒にいると恋愛小説の主人公になったような気持ちになる。

L　23　私が必要だと感じた時だけ彼（女）にそばにいてほしいと思う。

A　24　私は彼（女）と一緒なら、どんな貧乏な暮らしでも平気である。

M　25　彼（女）は私だけのものであってほしい。

L　26　彼（女）とはあまり深入りせず、すっきりした関係でありたい。

A　27　私は彼（女）のためなら、死ぬことさえも恐れない。

M　28　彼（女）には、いつも私のことだけを考えていてほしい。

E　29　彼（女）と一緒にいると、私たちが本当に愛しあっていることを実感する。

L　30　彼（女）とは定期的に会うよりも、気が向いたときだけに会っている。

A　31　私は彼（女）のためなら、できないこともできるようにしてみせる。

E　32　彼（女）の外見は、私の好みにピッタリだ。

M　33　彼（女）とケンカをすると、不安や心配でやつれてしまう。

M　34　彼（女）からの愛情が、ほんのわずかでも欠けていると感じた時には、悩み苦しむ。

S　35　彼（女）との交際が終わっても、友人でいたいと思う。

S　36　彼（女）とは、友人関係から自然に恋人関係へと発展した（させたい）。

E　37　彼（女）と一緒にいると夢の中にいるようだ。

M　38　彼（女）のことを思うと、強い感情が突き上げてどうしようもなくなる。

A　39　どんなに辛くても私は彼（女）に対して、いつでもやさしくしてあげたい。

A　40　たとえ彼（女）から全く愛されなくても、私は彼（女）を愛していたい。

E　41　彼（女）と私は、お互いに出会うために、この世に生まれてきたような気がする。

E　42　彼（女）との愛を大切にしたいと、気を使っている。

S　43　長い友人付き合いを経て、彼（女）と恋人になった。

E　44　彼（女）といると甘くやさしい雰囲気になる。

L	45	私は彼（女）にあれこれと干渉されると、その人と別れたくなる。
A	46	彼（女）のためなら、私はどんなことでも我慢できる。
L	47	私は、交際相手と深く関わる前に、その人がどんな人になるだろうかとよく考える。
P	48	私は恋人を選ぶ前に、自分の人生を慎重に計画しようとする。
P	49	恋人を選ぶ時には、その人が私の家族にどう受け取られるかを一番に考える。
L	50	特定の交際相手を決めたくないと思う。
P	51	恋人を選ぶのに重要な要素は、その人がよい親になるかどうかだ。
P	52	恋人を選ぶ時には、その人が私の経歴にどう影響するかも考える。
P	53	恋人を選ぶ時、その人は将来性があるだろうかと考えてみる。
S	54	最良の愛は、長い友情の中から育つ。
P	55	恋人を選ぶ時、その人の学歴や育ち（家柄）が、私と釣り合っているかどうかを考える。
P	56	恋人を選ぶ時には、その人に経済力があるかどうかを考える。
P	57	恋人を選ぶ時、その人との付き合いは、私の格（レベル）を下げないかと考える。
L	58	交際相手から頼られすぎたりベタベタされるのが嫌である。
S	59	私が最も満足している恋愛関係は、良い友情から発展してきた。

採点方法

① 回答の数値を点数とみなして、6尺度それぞれについて、記号のついた各項目の合計得点（粗点）を算出する。項目の前の記号は以下の尺度を表す。

　　L：ルダス　A：アガペ　M：マニア　S：ストーゲイ　E：エロス　P：プラグマ

② それぞれの得点を以下の式に代入して、尺度得点を算出する。

　　ストーゲイ得点について　41 －（粗点）＝尺度得点

　　その他の5尺度について　46 －（粗点）＝尺度得点

【引 用 文 献】

松井　豊・木賊知美・立澤晴美・大久保宏美・大前晴美・岡村美樹・米田佳美（1990）．青年の恋愛に関する測定尺度の構成　東京都立立川短期大学紀要, *23*, 13-23.

社会的認知 05
好き嫌いの仕組み

この人は好きだけど、あの人はどうも好きになれなくて——私たちは、周囲の他者に対して、肯定的または否定的な評価をしています。そして、他者への評価は、自分自身が判断していると疑いはしません。しかし実際には、自分の判断が思いもよらない要因によって影響を受けていることがあります。社会心理学では、どのような要因が私たちの判断に深く影響するのか、その仕組みを探っています。それらの研究成果は、私たちの「好き」「嫌い」を左右する要因を示していますから、自分に当てはめれば、普段の気持ちを知るヒントにもなります。第5章では、自分の気持ちを理解するのに役立つ2つの理論を紹介していきます。

1. 社会的認知：心の中身を調べる

　社会的認知とは、私たちの生活の中で行われる、心（そして頭）の中の情報処理のことをいいます。平たく言うと、普段どのように感じ、考えているのか、その成り立ちを意味します。本章では、「好き」「嫌い」という感情的評価が生じる仕組みを、社会的認知の理論からみていきましょう。特に、代表的な理論である認知的均衡理論と認知的不協和理論を取り上げます。

2. 認知的均衡理論

（1）心のバランスをとる仕組み

　最初の理論は、認知的均衡理論です。これは、ハイダー（Hieder, F.）によって提案されました（Heider, 1958）。私たちは、認知的均衡（心理的なバランス）をとるように、他者や対象を「好き」になったり「嫌い」になったりするというのがこの理論の主旨です。一般的には、自分が他者を「好き」か「嫌い」かは、

自分と他者の二者関係の中で判断していると思われます。また同様に、何らかの対象に対しても、「好き」か「嫌い」かを判断していると思われます。しかし、他者や対象に対する「好き」「嫌い」という態度は、それぞれの二者関係だけでは決まらず、他者が対象に対して持つ「好き」「嫌い」の態度によっても左右される、というのがこの理論の特徴です。

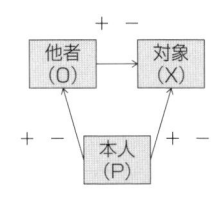

図5-1　認知的均衡理論

　こう言われると、「え、自分が何を『好き』か『嫌い』かは、自分が100％決めることができるんじゃないの？」「どうして自分が含まれていないのに、他者と対象との関係が、自分の態度に影響するの？」と疑わしく感じるかもしれません。では、この３つの要因を図に示して説明しましょう（図5-1）。

　図の矢印付近にあるプラスの符号（+）とマイナスの符号（-）は、それぞれ矢印の先にある他者や対象が「好き」か「嫌い」かを表します。矢印は３本ありますから、符号も３つ生じます。この符号を掛け合わせた結果、+になるか-になるかが重要です。掛け合わせの結果が+の時を均衡状態といい、本人にとって快い状態です。一方、掛け合わせが-になると、不均衡状態が生じ、本人にとっては不快な状態となります。そこで、不均衡を解消すべく、３つの符号のどれかを変化させて、認知的均衡を得ようとします。時には、元々は「好き」だった他者や対象を、「嫌い」になることもありますし、その逆も起こります。

　例えば、この図の本人はあなた（仮に女性だとします）、他者をあなたが好きな人だとしましょう。その、好きな人が「哲学」を好きだったとしましょう。しかし、あなた自身は哲学がそれほど好きではなく、むしろ難しそうで嫌だなあと感じていたら、あなたは不均衡状態におかれることになります（図5-2の左側）。この不均衡状態を解消するためには、３つの符号のうち、どれかを正反対の符号に変えなくてはなりません。

　候補として一番ありえそうなのは、あ

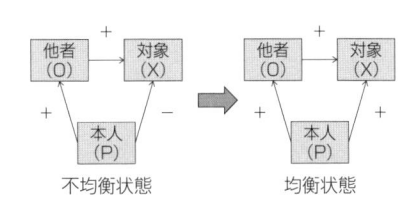

図5-2　不均衡状態の解消

なたが哲学を「好き」になる、つまり本人から対象に向けた矢印の符号を－から＋にする方法ではないでしょうか（図5-2の右側）。「あの人が好きな哲学だから、私も好き！」になり、評価が正反対に変化します。不均衡状態を解消するために、それ以外の、他の２つの符号のどちらかを変える場合もありえます。好きな人に、「哲学なんてつまらないよ」と吹き込んで、嫌いにさせても均衡状態になりますし、あなたがその人を「嫌い」になっても同様です。理論的には、どれを変えても心のバランスは得られます。しかし、実際に人間関係を生きている私たち個人にとって、どの符号を変えても全て「同じ」なのでしょうか。

（2）認知的均衡理論の展開

　認知的均衡理論が適用できると思われる例は、恋愛に限りません。趣味や仕事でも同様に考えることができます。また、対象も他者にとって重要なものだけではなく、自分にとって重要なものに置き換えることも可能です。例えば、自分は海外で仕事をしたいと思っているが、両親が反対をしているケース、などもありますね。この場合、自分から両親への矢印と、自分から海外での仕事への矢印はプラスですが、両親から仕事への矢印はマイナスなため、不均衡が生じています。

　この不均衡状態を解消するためには、親を振り切って海外に行く、自分がその仕事をあきらめるのどちらも有効ですが、どちらを選んでもスッキリしないかもしれません。では、３つの符号を全てプラスに変えるためにはどうすればよいでしょうか？　仕事に対する両親の態度を肯定的なものにする、ですね。そのためには、粘り強く両親の説得を続けなくてはならず、実現までの労力は少なくありません。

　しかしここで再び考えてみましょう。理論的にはいずれも等しいのだから、マイナスを２つに増やす方法とプラスを３つにする方法は、実際にどちらを選んでも違いはない、のでしょうか。マイナスを増やすのは、比較的容易に実現でき、安定的ではあります。しかし、親の心配を振り切ることで生じる後ろめたさ、あるいは、望む仕事をあきらめた失望感が存在する状態は、あなた自身にとって心地よいでしょうか。その選択を、あなた自身が納得できるでしょう

か。あなたにとって、最も望ましい方法はどれか、そしてなぜかを考えてみてください。恋愛、キャリア、結婚等々、何かに迷った時に、認知的均衡理論はヒントを与えてくれるでしょう。

3. 認知的不協和理論

（1）不条理な実験

　2つめの理論の説明に入る前に、ある心理学実験を紹介しましょう。社会心理学の分野で「1ドルの報酬実験」として知られているものです（Festinger & Carlsmith, 1959）。

　この実験では、実験協力者の大学生に、非常に退屈な課題を行ってもらいます。ボードに、碁盤の目状に穴が開いており、その穴に小さな円筒型の木片（ペグ）がいくつか差し込んであります。そのペグの位置を変え続けるという課題です。しかも、それを延々と（1時間半も！）続けてもらいます。

　やっと課題が終わると、実験者から「この後、また別の学生に課題を行ってもらうのですが、課題への動機づけを維持するために、あなたから『この課題は面白い』と伝えてもらえませんか」と頼まれます。学生はこれを承諾し、別の学生（実はサクラ）に課題は面白かったと告げます。ここから大学生は2つの条件に分かれます。1つは、手助けしてくれた謝礼として1ドルの報酬が与えられる条件、もう1つは、報酬として20ドル与えられる条件です。

　さあ、ここで問題です。1ドル条件と20ドル条件の協力者、どちらの方が課題をより面白いと評価したでしょうか。①～③のいずれかを選んでください。

　　①1ドル条件の協力者

　　②20ドル条件の協力者

　　③報酬額による違いはない

　正解は①です。予想外の答えだった人も結構いるのではないでしょうか。授業でこの問題を出しても、半数は②20ドル条件の協力者を選びます。たくさん報酬をもらったのだから、その分面白いと思いそう……こう考えるのが自然に感じます。しかし実際には、①の1ドル条件の協力者の方が、課題をより面白

いと評価しました。これはなぜでしょうか。

（2）つじつまを合わせる仕組み

　1ドルの報酬実験の結果は、認知的不協和理論によって説明されています。認知的不協和とは、フェスティンガー（Festinger, L.）により提案されたもので、自分の行動と認知（信念）の不一致によって生じる不快感のことです（Festinger, 1957）。この不協和を低減するために、人は自分の行動を変えたり、自分の信念を変えたりします。喫煙行動を例として、認知的不協和の低減を考えてみましょう。

　喫煙者は、タバコは体に有害であることを知っています（認知）。にもかかわらず、有害なタバコを吸うという行動をとっています。ここに不協和が生じます（図5-3）。ではこの不協和をいかにしてなくすことができるでしょうか。方法は4つあります。

　1つめが、行動を変えることです。つまり、タバコをやめてしまえば不協和は生じません。しかし、これは言うは易し行うは難し、で、実現までの道のりは遠そうです（もちろん、禁煙に成功している方もたくさんおられます）。

　そこで、2つめの方法として、行動ではなく内面を変える試みがなされます。例えば、タバコは有害であるという事実を「無視」する。テレビでタバコの害を扱う番組を観そうになったら、すかさず電源をオフにする。近くにタバコの害について話している人たちがいたら、声が聞こえないように遠くに移動する、など。これも、最近はタバコのパッケージに喫煙による健康への悪影響の文言が書かれていますから、うまくはいかなさそうです。つまり、すでに存在する行動や認知だけでは、にっちもさっちもいかない事態に陥ります。そこで、3つめ、4つめの方法です。

　3つめの方法は、認知の修正です。もともとあった認知の内容を自らに都合よく変える試みです。喫煙と病気の関係はまだハッキリと結論が出ているわけではない、自分は例外などと考えるのがこの方

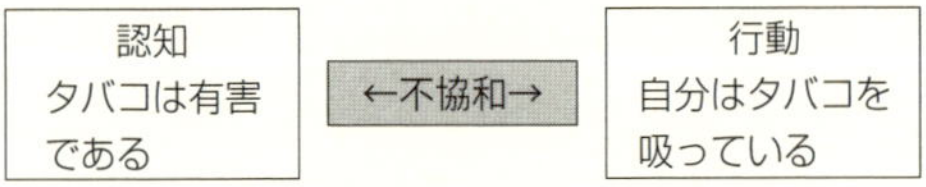

認知 タバコは有害 である	←不協和→	行動 自分はタバコを 吸っている

図5-3　認知的不協和が生じる仕組み

法に当たります。例えば、タバコは確かに体に悪いけど、でも喫煙者が全員癌などの病気になるのではない。うちのおじいちゃんは何十年もタバコを吸っていても、元気に長生きしていたから、タバコが体に悪いかどうかは人による、などなど……です。

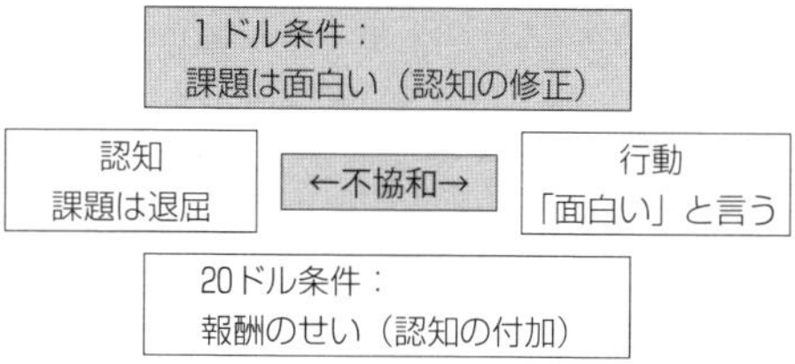

図5-4　認知的不協和を解消する「認知の修正」と「認知の付加」

　4つめの方法は、認知の付加です。もとの認知を完全に否定するのではなく、部分的には肯定しながらも、他の条件を付与して不協和を解消する試みです。確かにタバコは体に悪いけれど、ストレス解消法の一面もあるから、プラスマイナスで影響はゼロ、などと考えるものです。

　認知的不協和理論に基づくと、1ドルの報酬実験の結果は次のように説明されます（図5-4）。まず、実験に参加した大学生は、課題を「退屈」と思っていますが、実験者の依頼により、「面白い」と話すことになります。この時、「退屈」という認知と、「面白い」と話した行動に矛盾が起き、不快状態（不協和）が生じます。これを解消する方法の1つは、行動を変えることですが、すでに発言したことをなかったことにはできません。また、課題が「退屈」であることを無視することもできません。そこで認知の付加を行うことができれば、外的な要因によって「面白かった」と言わざるをえなかったと納得することができます。20ドル条件の参加者は、高額の報酬によって本音と異なることを言わされたと考えることができます。しかし、たった1ドルの報酬では、強制的な力が働いたと考えることには無理があります。そのために、1ドル条件の参加者は、残された最後の方法、認知の修正を行います。すなわち、「面白い」と言ったのは、本当に課題が面白かったからだと自分を納得させます。そのために、1ドル条件では、20ドル条件より課題を面白いと評価したと考えられます。

　フェスティンガーが提案した認知的不協和理論は、当時の社会心理学を席巻し（つまり、数多くの社会心理学者がこの理論に夢中になりました）、膨大な数の追試研究が行われました（池上・遠藤, 1998）。

3. 認知的不協和理論　　55

（3）認知的不協和理論の展開

　自分の気持ちは、自分が一番よく知っている、と思われがちです。しかし、こうして認知的不協和理論から考えてみると、そうとも言い切れません。加えて、自分の〈行動〉となると、なおさら自分の思い通りにはいかないものです。

　自分の思うように行動できないという現象は、投資の世界でも深刻な問題です。株などの資産運用で利益を得る方法は、「できるだけ損を小さくする」ことだというのはよく知られた話です。しかしこれがなかなかできません。たとえ買った時より株価が大幅に下がったとしても、明日は戻るかも、1か月後には、1年後には……と決断を先延ばしにしてそのままにしてしまうことが多々あります（俗にいう「塩漬け」です）。気が付いたら、元値の半分や、それ以下になっていて、このようなことになるならあの時売っておけば……と悔やんでも後の祭りです。この時の心の仕組みを認知的不協和理論で考えてみましょう。

　株を買う、が行動ですね。対する認知は株価が下がるにあたります。ここに、行動と認知の間の不協和が生じます。原則に従うなら「株を売る」が正解です。しかし、人はわずかな損失に対して敏感にできていますから（コラム8参照）、損失を確定する行動をとりたがりません。そこで2つめの方法が無視です。株価の下落に関する情報接触をできるだけ減らして、損失について考えないように努めます。しかしやっぱり株価のニュースは気になって見てしまう。そこで3つめの方法、認知の修正です。「この下落は今だけだ」など認知の中身を変えて現状に対応しようとする。それでも下落傾向は当面続きそうだとなれば、最後の4つめの方法、認知の付加を行います。例えば、「この会社を応援したいから株を買った。だから損得に関係なく、持ち続けるのは当然のことだ」と考えるなどです。

　このように、日常的な状況のあちこちで、認知的不協和が生じる場面を見ることができます。そして、株価の例と同様に、多くの場合、行動を変えることが直接的な解決方法として有効な可能性があります。すぐに行動を起こせない時は、なぜなのか、認知的不協和の観点から自分の気持ちを見つめ直すことが解決の糸口になるかもしれません。

【より深く学びたい人のために】

斎藤 勇（編）（1988）．対人知覚と社会的認知の心理（対人社会心理学重要研究集5）誠信書房：この本では、社会心理学の代表的な論文が詳しく解説され、研究の様子がよくわかります。心理学の論文は、代表的なものの多くが英語で書かれており、概要を知るのも一苦労です。これから原著論文を読もうとしている方への手引書としても役に立つ内容です。

山田一成・結城雅樹・北村 英哉（2007）．よくわかる社会心理学（やわらかアカデミズム・わかるシリーズ）ミネルヴァ書房：このシリーズは、その分野の最前線で活躍している研究者が書いており、かつ、わかりやすい文章で説明されているので初学者におすすめです。社会的認知以外にも、個人や集団、マスコミュニケーションなど、幅広いトピックを扱っており、社会心理学を一望できる一冊です。

多田洋介（2014）．行動経済学入門　日本経済新聞社：行動経済学では、人間はそれほど合理的ではないことを前提として、経済行動を解明しようとします。それが従来の経済学とどう違うのかを、代表的な経済学の理論もわかりやすく引用しながら、実例豊かに説明する一冊です。コラム8で取り上げたプロスペクト理論も詳細に解説されています。

【引 用 文 献】

Festinger, L.（1957）. *A theory of cognitive dissonance*. Stanford, CA: Stanford University Press.

Festinger, L. & Carlsmith, J. M.（1959）. Cognitive Consequence of forced compliance. *Journal of Abnormal and Social Psychology, 58*, 203-210.

Heider, F.（1958）. *The psychology of interpersonal relations*. Hoboken, NJ : Wiley.

池上知子・遠藤由美（1998）．グラフィック社会心理学　サイエンス社

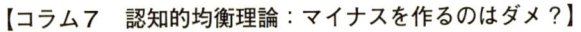

【コラム7　認知的均衡理論：マイナスを作るのはダメ？】

Q 不協和が起きたらマイナスを作る方が簡単だし今までもそうやってきて特に嫌だとも思った事もないけど、ダメですか？

　これは、授業中に学生から送られてきた質問です。認知的均衡理論を応用するための視点を含んでいると考えましたので、ここに私見を紹介しておきます。

　マイナスの符号を増やすことで均衡状態を得ようとするのは、個人的には勧められません。幸福感に関する一連の研究をみても、自他に対する肯定的評価が幸福感や心理的健康を高めるのに対して、自他への否定的評価はその反対の影響をもたらすことがわかっています（例えば、Lyubomirsky, 2008）。

　認知的均衡理論でも同様で、プラスをマイナスにするよりは、マイナスをプラスにする方法で不均衡を解消するよう努めるのが「お得」ではないでしょうか。一本足で立つと、倒れないように体が勝手にバランスをとりますね。同じように、心のバランスも、意識的にというよりは、心が勝手にバランスを取るように動きます。マイナスをプラスにするよりも、プラスをマイナスにする方が簡単ですので、放っておけば心は楽な方に流れがちです。そこを踏みとどまって、マイナスをプラスに変えるよう、あえて努める方が、あなた自身にとってプラスになると考えられます。誰かを嫌いになるよりも、好きになろうと努力することで、自分を好きになれるかもしれません。

【引用文献】

Lyubomirsky, S. (2008). *The how of happiness: A new approach to getting the life you want.* New York, NY : Penguin Press.（リュボミアスキー, S. 渡辺誠（監修）金井真弓（訳）(2012). 幸せがずっと続く12の行動習慣　日本実業出版社）

【コラム8　プロスペクト理論：損と得は別の基準で考える】

　次のような問題があります。みなさんはどちらを選びますか？

　Q 60％の確率で500円を得、40％の確率で500円を失うようなギャンブルがあります。あなたはこのギャンブルに参加しますか？

　この問題のように、先行きがわからない不確実性の高い状況で、人がどのような行動を選択するかという疑問は、経済学で古くから考えられてきました。そして、その説明は、期待効用仮説を基にして行われます。これは、ある選択肢を選んだ場合に起こる結果と、それに対する効用（結果に対する主観的な満足の度合い）を考慮した理論です。そして、人は、全ての選択肢について、効用を加算した期待値を計算し、それが最も大きいものを選ぶと考えます。例えば、この問題の期待値は、0.6×効用500＋0.4×効用（－500）＝期待値100です。もう一方の選択肢の期待値は、今回はギャンブルに参加しないという選択であり、得られる金額は０円ですから、その期待値は０です。この２つを比較すると、期待効用仮説からは、ギャンブル参加を選ぶ人が多いと予想されます。

　しかし、多くの方は、「ギャンブルに参加しない」方を選んだのではないでしょうか（実は私もです）。実際に、大勢の人にこの問題を解いてもらうと、「参加しない」方がより多く選ばれることが示されています。

　社会心理学者のカーネマン（Kahneman, D.）とトヴェルスキー（Tversky, A.）は、プロスペクト理論によって"ギャンブル問題"を考えました。プロスペクト理論は、私たちが、得をするよりも損をしないように行動することを説明するものです。

　図１に示すように、期待効用仮説とプロスペクト理論は、異なる線を描きます。図の横軸は、持っている金額を示し、Ｗがギャンブルをする前に持っている金額、Δｗがギャンブルによる金額の増減分を示します。図１左側の期待効用仮説では、金額の増減において、同じ額なら同じ分だけ効用（縦軸）が増えたり下がったりすると考えます。一方、図１右側のプロスペクト理論では、本来持っていた金額は考慮せず、現在の水準からどう変化するかを考えます。現在の水準を参照点といい、"ギャンブル問題"であ

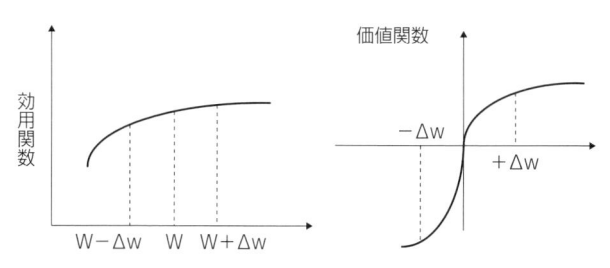

図１　期待効用仮説とプロスペクト理論（多田（2003）を参考に作成）

れば損も得もしていない0円になります。図1をみると、参照点において線が屈折するのがわかるでしょうか。これは、参照点が右に移動する（得をする）時と比べ、同じ分だけ左に移動する（損をする）時の方が、線の傾き（角度）が大きいという意味です。すなわち、私たちは、同じ額であれば利得よりも損失を重視する、損失により失われる価値が大きいと見込む（prospect）ことを示しています。これは「損失回避性」と呼ばれている特徴です。したがって、"ギャンブル問題"での選択は、損得どちらも同じ額なら、ギャンブルをして失う価値の方が、ギャンブルをして得をする価値よりも大きく、そんな損をするギャンブルには参加しないと判断されます。

　プロスペクト理論は、心理学のみならず、経済学にも大きなインパクトを与えました。カーネマンによる一連の研究は、心理学的な実験手法を用いて人々の経済行動を検討する行動経済学を生み出しました。これらの功績によって、カーネマンは2002年にスミスとともにノーベル経済学賞を受賞します。社会心理学の広がりを感じさせる出来事といえるでしょう。

【引 用 文 献】

Kahneman, D., & Tversky, A. (1979). Prospect theory: An analysis of decision under risk. *Econometrica, 47*, 263-291.

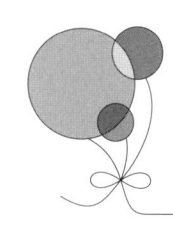

ストレス対処 06
逆境を乗り越える

　「今日のゼミでの発表がストレスなんだよなあ」「バイトがストレスで……」など、私たちは日常的に"ストレス"という言葉を使っています。しかし、厳密にいえば、私たちが使うストレスという言葉には、複数の意味が含まれています。また、私たちが思ってもみないようなことも、心理学的にみるとストレスになりえます。第6章では、こうしたストレスの不思議について、詳しくみていきます。
　ストレスについては、それが全くない生活はありませんから、いかに上手く付き合うかも大切です。そこで、ストレスへの効果的な対処法についても考えていきます。

1. 体と心のストレス

　世の中で広く知られている**ストレス**という言葉は、本来は心理学用語ではなく、「ひずみ」「歪み」を意味する物理学の用語でした。外圧によって生じた物体の中の歪み、これを"ストレス"といいます。ゴムボールを手で握ると、グニャリと形が変わりますね。これが"ストレス"がかかった状態です。

　セリエ（Selye, H.）は、この"ストレス"の考え方を人間の体に当てはめた最初の研究者です。彼は、ストレスを「環境からの刺激負荷によって引き起こされる生体に生じる生物学的歪みとこれに対する（非特異的）反応」としました（Selye, 1936）。例えば、学校の試験が間近になると、胃がキリキリと痛む人がいるかもしれません。これは、試験という刺激負荷によって、生体が本来持っている体内を一定に保とうという仕組み（恒常性、ホメオスタシス）が崩れ、自律神経系が過剰に働き、その結果身体症状が起きた（胃酸過多）ためです。セリエは、ストレスを引き起こすものを「ストレッサー」とし、物理的・化学的・心理的等の要因がストレッサーになることを提案しました。

図6-1　トランスアクショナル・モデル

セリエの説が発表されると、医学界では大きな衝撃が走りました。それまでの常識では、体の病気は、細菌やウィルスなど、病気に直結した要因によって起きると考えられていたからです。それが、直接病気とは結び付かない要因が、体の病気を引き起こすというのですから、セリエの説がいかに画期的だったかがおわかりになるでしょう。そして現在では、ストレッサーに起因する疾患は、広く社会的に受け止められています。

　では、私たちにとって環境からの刺激負荷になるのは、どのようなことでしょうか。膨大な数の成人を対象に調査を行い、身体症状を引き起こす心理社会的な出来事を調べた研究があります（Holmes & Rahe, 1967）。そのリストが表6-1です。これを見ると、「配偶者の死」などの否定的な出来事が並んでいるのがわかります。しかし同時に、このリストには「結婚」「新しい家族メンバーの加入」「本人の進学または卒業」などの喜ばしい出来事も含まれています。どうして良いことが「負荷」になるのでしょうか。その答えは、環境の変化にあります。配偶者がいなくなってしまうのであれ、結婚によって新たに配偶者を得るのであれ、どちらもそれまでの環境が変わることを意味します。大学生であれば、入学当初の頃を思い出すとわかりやすいのではないでしょうか。人間にとって、環境が変わるのは心身に非常に大きな負荷となります。それまでに慣れ親しんでいたやり方を捨てて、また最初から新しい環境に適応しなければならないからです。

　表6-1の出来事は、1つだけでも負荷になりますが、さらに複数の出来事が重なるとより大きな脅威になります。リストにある出来事のうち経験した出来事の評価点の合計が、150〜300点だと2年以内に健康を害する危険性が50%、300点以上だと80%にまで上昇します。これは、環境に適応するための心身の資源に限界があるためと考えられます。自分の持つ資源が100として、1つの出来事に適応するために60の資源が必要なら、問題なく適応することができま

表6-1　心理社会的出来事のリスト

順位	出来事	評価点*
1	配偶者の死	100
2	離婚	73
3	夫婦別居	65
4	投獄	63
5	近親者の死	63
6	本人のケガや病気	53
7	結婚	50
8	失業	47
9	夫婦の和解	45
10	退職	45
11	家族の健康面・行動面での変化	44
12	妊娠	40
13	性生活の困難	39
14	新しい家族メンバーの加入	39
15	合併・組織変革などの勤務地の大きな変化	39
16	家計上の変化	38
17	親友の死	37
18	配置転換	36
19	夫婦の口論回数の変化	35
20	100万円以上の借金	31
21	借金やローンの抵当流れ	30
22	仕事上の責任の大きな変化	29
23	子どもの離家	29
24	しゅうと（め）とのいさかい	29
25	個人的な成功	28
26	妻の就職または退職	26
27	本人の進学または卒業	26
28	生活条件の変化（家の新改築、環境悪化）	25
29	個人的習慣の変更	24
30	職場の上司とのトラブル	23
31	勤務時間や労働条件の大きな変化	20
32	転居	20
33	転校	20
34	レクリエーションのタイプや量の変化	19
35	宗教（教会）活動上の変化	19
36	社会（社交）活動の面での変化	18

順位	出来事	評価点*
37	100万円以下の借金	17
38	睡眠習慣の変化	16
39	同居家族員の集まりの回数の変化	15
40	食習慣の変化	15
41	長期休暇	13
42	クリスマス	12
43	交通違反などの法律違反	11

＊配偶者の死を100とした場合の、各出来事の評価点

す。しかし、適応するのに60の資源が必要な出来事が2つ以上起きるとどうでしょう。その合計は元々持っている資源100を超えてしまいます。その結果、心身共に疲弊し、身体症状が起きやすくなります。

2. ストレスとの向き合い方

　この環境からの刺激負荷ですが、さらに調べていくと、同じような負荷にさらされても、それがストレッサーになる人と、そうならない人がいることがわかってきました。なぜそのような個人差が生じるのでしょうか。ラザルス（Lazarus, R. S.）が提起した**トランスアクショナル・モデル**では（Lazarus & Folkman, 1984）、その個人差が生じるタイミングを2回想定しています（図6-1）。このモデルでは、自分が体験する出来事は、潜在的にストレッサーになる可能性を持っていると考えます（図6-1のA）。しかし、実際にそれがストレッサーになるかどうかは、その主観的評価によります。その出来事が自分にとって重要性が高く、自分では好きなように変えることができない時（コントロール可能性が低い時）、ストレッサーとして個人の脅威になります（図6-1のB）。これが個人差が生じるタイミングの1つめであり、1次評価と呼ばれます。2つめが、個人にとって脅威となる出来事に対し、どのような対処をするのか（コーピング）を決定する時点です。これを2次評価といいます。コーピングについては次節で詳しく説明しますが、これが上手くいかないと、ストレス反応として抑うつや不安などのネガティブな心理状態が生じます（セリエの研究では、ストレス反応

として身体症状が注目されていますが、ラザルスとフォークマンのモデルでは、心理状態も含めています）。

（1）ストレスへの対処方法

　コーピングとは、ストレスを低減するために行われる認知的行動的努力と説明されます。詳しく説明する前に、まずは具体的な事例で考えてみましょう。

　「大学生 A さんの悩み」

　　中学の頃からやっているバレーボールで最近伸び悩んでいる。先月は、レギュラーからも外された。部活動の引退も間近、なんとかしてまた試合に出たい……。あなたなら、次のうち、どれを選びますか？
　　①気合で乗り切る
　　②今までの練習方法を振り返る
　　③上手な先輩に相談する
　　④部活をサボる
　　⑤カラオケで絶唱する

　①〜⑤の個々のコーピングを説明する前に、コーピングの分類について触れておきましょう。コーピングは種類が多いので、大きくグループ分けして説明されることが多々あります。ここでは、そのための基準として2つの軸を設けます。基準の1つめは、焦点型（問題焦点型または情動焦点型のどちらか）です。問題焦点型はストレッサー自体を解消するために行われるコーピングであり、一方、情動焦点型はストレッサーに起因するネガティブな情動（感情）を解消するためのものです。基準の2つめは、接近性（直接的または間接的）です。直接的なものは、ストレッサーであれ心理状態であれ、これらに直接関与するコーピングであり、間

表6-2　コーピングの種類

		焦点型	
		問題焦点型	情動焦点型
接近性	直接的	闘争心 再体制化	回避
	間接的	情報収集	気晴らし

接的なものはそれらに直接関与しないコーピングです。以上の基準に基づくと、①〜⑤は表6-2のように分けられます。以下、個々のコーピングをみていきましょう。

①の気合で乗り切るは、「闘争心」と呼ばれます。問題解決に向けた努力を継続・強化するものであり、問題焦点型・直接的なコーピングです。②今までの練習方法を振り返るのは、「再体制化」と呼ばれ、従来のやり方とは違う方法を模索するものです。これも①と同じく問題焦点型・直接的なコーピングです。一方、③上手な先輩に相談するのは、「情報収集」であり、状況を打破するためのアドバイスを得るという点で問題解決に関するコーピングですが、相談したからといって問題が解決することはないため、間接的なものとなります。④部活をサボるのは「回避」にあたります。ネガティブな情動に対処する情動焦点型であり、かつ情動の原因から遠ざかる行動をとっている点で、直接的なものになります。⑤カラオケで絶唱するのは、「気晴らし」です。これは情動焦点型ですが、情動の原因は依然として存在したままですから間接的なコーピングになります。①〜⑤はコーピングの一例ですが、ストレッサーに直面した時に私たちが様々なコーピングを取ることが理解できたかと思います。

（2）望ましいコーピングとは

さて、これらのコーピングのうち、最も望ましいものはどれでしょうか。答えは、全部がそうであり、全部がそうでないともいえます。なぜならば、ストレッサーが存在する時、特定のコーピングを用いるよりも、複数のコーピングを使いこなす方が、問題解決につながると考えられるからです（Kato, 2012）。

特定のコーピングへの固執、特に闘争心への固執は、心身の疲弊状態を引き起こしやすいと考えられます。闘争心は、問題に対して現在以上の労力をもって取り組む方法です。一般的には、望ましいコーピングとして受け取られているかもしれません。しかし、従来の方法が上手くいかないがために、問題の解決が図られないのですから、その方法をさらに強める方向で努力しても解決策に至るのは難しいでしょう。いくら努力しても現状が変わらない、その閉塞状態が長引けばどうなるでしょう。意欲の低下を主症状とする燃え尽き症候群（バ

ーンアウト）は、その一例です。

　一方で、一見望ましいようにはみえない「回避」ですが、これも立派なコーピングです。みなさんは、フィギュアスケートの髙橋大輔選手をご存知でしょうか。彼は、バンクーバー・オリンピックで見事銅メダルを獲得しました。こう書くと、彼の人生は順風満帆なように思えますが、彼は、オリンピック前に大きな怪我をし、そのリハビリの辛さに耐えかねて、練習場のスケートリンクを飛び出したことがあります。その後、居場所がわからない時期が2週間続きました（髙橋, 2010）。

　しかし、髙橋選手はリンクに戻り、その後、偉業を成し遂げました。髙橋選手のエピソードは、回避が逃避とは違うことを示しています。どうしても辛ければ、目の前の問題から逃げても構わない。逃げるのは、戻るためである。このような意味での回避は、有効なコーピングです。

　コーピングは、たとえるなら食物の栄養素です。どんなに栄養価が高い食物でも、そればかり食べるのは健康的ではありません。健やかな体のためにはバランスの取れた食事が必要です。同様に、健やかな心のためにはバランスの良いコーピングが必要といえるでしょう。

3. 向き合う力をくれるもの

　困難に直面した時、自分1人の力では力尽きそうになることがあります。そのような時に力を与えてくれるのが「支えてくれる人」の存在です。家族、友人、先生など、他者から与えられる支えを、心理学では**ソーシャル・サポート**といいます（浦, 1992）。ソーシャル・サポートには、物理的・情報的・心理的なものの3種類があります。物理的サポートとは、金銭や労働力など、困難を解決するための手段を提供するサポートをいいます。情報的サポートとは、解決に結び付くような手がかりを提供することです。対照的に、心理的サポートは、問題解決に直接結び付いているものではありません。励ましや共感など、困難な状況にある人を労わり、勇気づける、目に見えないサポートをいいます。

　先に紹介した髙橋選手にも、多くの人の支えがありました。フィギュアスケ

図6-2　マズローの欲求階層説

ートは、練習を1日怠れば、その勘を取り戻すのに1か月かかるという世界です。こんなに離れたらもう駄目だと、本人もあきらめかけたそうです。ではなぜ彼は、リンクに戻ってくることができたのでしょうか。そこには、スケートから離れたからこそ、初めて見えてきたものがありました。多忙な時間をやりくりして毎日自分のリハビリのために来てくれるトレーナー、そのトレーナーの治療を受けたくても受けられないスケート選手たち、ここまでスケートを続けさせてくれた家族、いかなる時も応援してくれる友人たち。自分のスケートは、自分だけの問題ではない。この気持ちが、再びリンクへと戻る力となりました。このように、自分が誰かに助けられていると認識することを、「サポート知覚」といいます。

　私たちは、自分のためだけに頑張ることはできなくても、自分を助けてくれる誰かのためになら頑張れるのかもしれません。この「誰かのためになら頑張れる」ことは、マズロー（Maslow, A. H.）が提案した**欲求階層説**からも説明することが可能です。マズローは、人間の欲求は、より低次なものが充足された後に、高次の欲求充足が可能になるという欲求の階層構造説を唱えました（図6-2）。一番低い位置にあるのは「生理的欲求」であり、食欲や睡眠など生命の維持に必要な欲求が満たされて初めて、その他の欲求を満たそうと思えるようになります。孔子が「衣食足りて礼節を知る」と述べているように、基本的な欲求を満たすことが最も重要であるといえます。その後、生命を脅かされることがないという「安全の欲求」、他者との親密性や所属感を得ようとする「所属、愛情の欲求」、周囲に認められたいという「承認、自尊の欲求」、これらを順番に充足するよう試みます。そして最後は、自分を成長させたいという「自己実現の欲求」です（第7章を参照）。

　さてここで、「所属、愛情の欲求」と「承認、自尊の欲求」の2つに注目しましょう。どちらも重要な欲求ですが、例えば大学受験というストレッサーにさらされた場合、私たちは、なんとかして合格したい＝「承認、自尊の欲求」を満たそうと考えます。しかし、勉強しなければならないとわかっていても、

どうしようと不安ばかりが増える、という状況に陥りがちです。その理由の1つは、受験に取り組む自分が誰かに支えられているという欲求充足が図られていないせいかもしれません。オリンピックなど、大きな大会で顕著な成績を上げたスポーツ選手が、「支えてくれたみなさんのおかげです」と答える場面をよく目にしますが、その言葉は謙遜ではなく、真実ともいえます。自分だけという視点から、自分の周りの人まで広く見ることによって、困難に立ち向かう力が再び湧き上がるのではないでしょうか。

4．ドラマから学ぶソーシャル・サポートの力

　ソーシャル・サポートが果たす役割について、ドラマを題材により詳しく考えてみましょう。ここで取り上げるドラマは、2011年10月〜2012年3月にNHK総合で放送された「連続テレビ小説　カーネーション」です。ファッションデザイナーとして有名な越野3姉妹の母親をモデルにしたストーリーとして話題になりました。ドラマは、戦前の大阪・岸和田で、呉服店の4姉妹の長女として生まれた主人公・糸子（尾野真千子さんが演じていました）を軸として展開していきます。子どもの頃に見た洋装のドレスが忘れられず、女学校を辞め、洋裁の仕事に携わることを決意した糸子は、頑固な父親の反対にあいながらも、何度も説得を繰り返し、ようやく許しを得ます。そこまでして就いた仕事ですが、兄弟子たちには厳しくあたられ、憧れのミシンには指一本触れることができません。そんなある日、風邪をひいて高熱を出しながらも、無理をして仕事に行った糸子ですが、兄弟子に「とっとと帰れ、この役立たず！」と大声で怒鳴りつけられます。

　もし、みなさんが新入社員の立場で、糸子のような対応をされたら、どう思うでしょうか。こんな会社辞めてやる、でしょうか。糸子も全く同じで、家までの帰り道、堤防で泣き崩れながら「辞めてやるー」と叫んでいました。しかし、彼女は辞めませんでした。どうしてでしょうか。

　家に帰った糸子は、熱を出してうんうん唸りながら布団に臥せっていました。その横の部屋で、母親と妹が会話しているのが聞こえてきます。妹は、どうや

ら新しい服のおねだりをしているようです。母親に聞き入れてもらえず、自分の好きなことをしている姉の糸子を「いいなあ」とうらやみすねてしまいます。すると母親は、「好きなことをするのは、大変や。糸子は偉い。なんにもしないで、文句だけ言うのはあきません」とたしなめます。これを聞いて糸子は、顔をほころばせます。母親の言葉は、「所属、愛情の欲求」と「承認、自尊の欲求」を同時に満たす心理的サポートとして働いたようです。

　その後、夕飯の席で、家族そろってちゃぶ台を囲んでいる時に、父親が「なんでも勉強、勉強やで」と呟きます。店に入る前、糸子は何十回も父親からこの言葉を聞かされましたが、「ほんまやなあ。うち、初めて聞いた気がするわ」と驚きます。父親の言葉は、情報的サポートとして、解決の糸口をつかむきっかけとなりました。

　次の日から、糸子は誰よりも早く店に行き、ガラスの磨き方、お茶の入れ方など、それまで気にも留めなかったことから多くを学びます。ガラスは縦縦横横で磨けばきれいになる、お茶は、湯呑に半分ずつ順番にいれるとおいしくなる。一つひとつを丁寧に行うことで、「うちはどんどん賢くなる」と毎日満足して眠りにつきます。すると、厳しかった兄弟子が優しくなり、そしてとうとう、触るまでに10年かかると叱られたミシンに、たった3か月で触れることを許されました。

　糸子には裕福な祖父がいるのですが、糸子が店で苦労していることを聞き、自分の所で何不自由なく働くことを提案します。しかし糸子は、その話を断ります。驚く祖父に対して、彼女は「うち、店にいる方が勉強になるねん」と明るく答えました。マズローの図で言えば、糸子は、自己実現欲求の段階にいるといえます。たとえ楽ができるとしても、それよりも自分を成長させる場所を選ぶのは、自分を高めたいという欲求の現れです。そして、糸子がそう言う背景には、父親や母親、家族という多くの支えがあったのです。

　辛い時、苦しい時、1人でなんとかしようと頑張ることがあります。それは大変立派な姿勢ですが、でもそれで上手くいかなくなった時、周囲を見まわすことを思い出してください。そこには、陰ながら支えてくれる人たちがいるはずです。

【より深く学びたい人のために】

小杉正太郎（編著）（2002）．ストレス心理学——個人差のプロセスとコーピング　川島書店：ストレス研究の進展やラザルス理論、ストレスに関する諸要因についてなど、幅広く章立てされています。各種の測定尺度についても紹介されているので、心理学研究を始めようとする人にも参考になります。

熊野宏昭（2007）．ストレスに負けない生活——心・身体・脳のセルフケア　筑摩書房：一般向けの新書ですが、ストレスやその認知について理論的な説明が多く、充実した内容です。さらに、具体的で実行しやすいストレスへの対処方法も多数紹介されています。本書でもたびたび触れる、マインドフルネスについても神経科学的な知見を交えて紹介しています。

浦　光博（1992）．支えあう人と人——ソーシャル・サポートの社会心理学（セレクション社会心理学8）　サイエンス社：本文でも触れたように、配偶者や家族、友人、地域社会とのつながりなど、人々のつながりが、私たちの心身の健康を支える仕組みの要素であることを、わかりやすく解説しています。複数の要因が絡み合う現象が、心理学ではどのように分析されているかを示した1冊です。

【引 用 文 献】

Holmes, T. H., & Rahe, R. H. (1967). The social readjustment rating scale. *Journal of Psychosomatic Research, 11,* 213-218.

Kato, T. (2012). Development of the coping flexibility scale: Evidence for the coping flexibility hypothesis. *Journal of Counseling Psychology, 59,* 262-273.

Lazarus, R. S., & Folkman, S. (1984). *Stress, appraisal and coping.* Springer: New York.

Selye H. (1936). A syndrome produced by diverse nocuous agents. Nature 138 (3479, July 4): 32.

高橋大輔（2010）．Be Soul. 祥伝社

浦　光博（1992）．支えあう人と人——ソーシャル・サポートの社会心理学 サイエンス社

【コラム9　精神的健康】　ストレスと関係する用語に、精神的健康があります。両者はどのような関係にあるでしょうか。ストレスがない＝精神的健康でしょうか。

　世界保健機構（WHO）の憲章によれば、健康とは、「病気でないとか、弱っていないということではなく、肉体的にも、精神的にも、そして社会的にも、すべてが満たされた状態」をいいます。つまり、全般的な健康とは、病気がないだけではなく、生きがいがある状態ということができます。精神的健康も同様に、ストレスがない以上の充実した状態を指します。

　両者の違いを理解するのは、それぞれの研究領域の目的をふまえる必要があります。まず、ストレスは、長く臨床心理学の領域で研究されてきました。臨床心理学は、いかに心の問題を軽減するか（マイナス状態をなくすか）を大きな目的とします。一方、精神的健康は、ストレスに比べれば新しい考え方で、1990年代のポジティブ心理学の登場とともに注目されました。ポジティブ心理学は、臨床心理学が目指した「マイナスをゼロにする」ことをさらに一歩推し進めて、どうすれば人はより良い人生を送ることができるか、「ゼロをプラスにする」ための研究を目的とします（セリグマン，2004）。

　毎日つまらなくて、暇つぶしにスマホばかり見て時間が過ぎていく状態は、精神的健康ではありませんね。ストレスがないだけでなく、プラス α あっての健康。みなさんにとっての α は、なんでしょうか。

【引用文献】

Seligman, M. (2002). *Authentic happiness : Using the new positive psychology to realize your potential for lasting fulfillment.* New York, NY : Free Press. （セリグマン，M. 小林裕子（訳）（2004）. 世界でひとつだけの幸せ——ポジティブ心理学が教えてくれる満ち足りた人生　アスペクト）

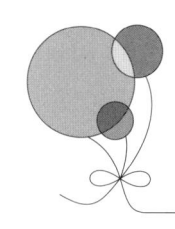

社会的比較 07
自信を失くしそうになったら

　友がみな我より偉く見える日よ花を買い来て妻としたしむ——これは、石川啄木が『一握の砂』で発表した歌です。この時啄木24歳。文学で身を立てる決意をしましたが、日々の暮らしで精一杯。古くからの友人は、社会的な地位を得て華々しく活躍している。なのに自分は……。私たちにも、このような時がありますね。自分の周りにいる人はキラキラして見えるのに、自分だけが色褪せているような気がして、身の置き所がない……。このような苦しい気持ちを、心理学ではどのように説明するのでしょうか。そして、どうしたらこんな気持ちが軽くなるのでしょうか。第7章では、このような「比べる悩み」の問題について考えていきましょう。

 1．比較の過程

（1）他者を通じた自己評価

　自他を比べることを、社会心理学では社会的比較といいます。例えば、友達やクラスメートと勉強の成績を比べて、「あいつ、結構いい点取ってるな」「今回は私の方が良かった」など、他者と比べて自分の学力を知ろうとするなどです。社会的比較を行う理由は、1つには、自分の能力の程度や意見が正しいかどうかを知ることにあります（Festinger, 1954）。しかし、自分について正確に知ることに加え、社会的比較には自分が価値のある人間だと思いたいといった理由も含まれます。自分に自信を持とうとする時、私たちは自分よりも劣っている人と比べる下方比較を行う傾向にあります。勉強ができる、運動ができる、外見が魅力的だ、社交的で人気があるなど、自分に他者よりも優れた側面があれば、自信を持つことができます。対照的に、自分より優れた人と比べることを上方比較といいます。これは、他者を目標にして自分の能力等を向上させる

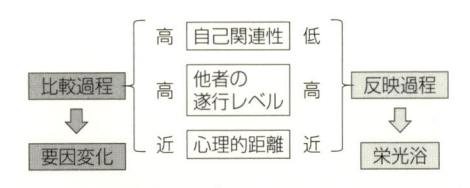

図7-1　自己評価維持モデル（Self-Evaluation Model: SEM）

ことにつながると同時に、自分の至らなさを自覚して自信を失くすことにもつながります。このように自分に対して他者を下方・上方に比較して、その結果に私たちは一喜一憂している、といえます。

　この一喜一憂を包括的に説明するのが、**自己評価維持モデル**（Self-Evaluation Model: SEM, Tesser, 1984）です。SEM は社会的比較の理論の１つであり、自分自身を肯定的に評価するための仕組みを説明します。図7-1に示すように、SEM では３つの観点を想定します。①自己関連性（他者が成功した領域を自分がどのくらい重要だと思うか）、②他者の遂行レベル（他者の成績や出来具合）、③心理的距離（自分と他者がどのくらい似ているか、親しいか）です。これらの要因を、それぞれ高い（近い）と判断するか、または低い（遠い）と判断するかによって、様々なパターンがありえますが、大きくは２つのパターンに集約されます。その１つが、全ての要因が高く判断される比較過程、もう１つが自己関連性が低くて他の２要因が高い反映過程です。

（2）比 較 過 程

　自分が重要だと思う領域で（自己関連性が高い）、他者が成功した（遂行レベルが高い）、さらに、その他者が自分と近しい存在である（心理的距離が近い）。このような時、他者は自分の自尊心を揺さぶる"脅威"になります。同じくらいの年の人なのに将来の目標が明確だ、自分がしたくてもできないことをやっている……等々、他者に比べて自分が無力に思えてきたり、相手に対する妬みを覚えるとしたら、その他者の存在によって自己評価が低下する脅威にさらされているといえます。この状態を脱却するために、SEM では３つの要因のうちのどれかを低めようとすると考えます。つまり、その領域の重要度を低める（そんなの自分にとっては大事でも何でもないと思う）、他者の遂行レベルを下げる（それくらいのこと大したことではないと相手の成功を否定する）、心理的距離を遠ざける（嫌

いになる、他者と自分が大きく違う点［生まれつき才能があるから、環境に恵まれているから等］を探す）、のいずれかを行います。

（3）反映過程

　自分にとって重要ではない領域で（自己関連性が低い）、他者が成功した（遂行レベルが高い）、さらに、その他者が自分と近しい存在である（心理的距離が近い）。このような時は、比較過程とは対照的に、他者の成功がまるで自分のことのように嬉しく、誇らしく感じます。例えば、自分は全くスポーツをしないが（自己関連性が低い）、同じ大学の学生が（心理的距離が近い）、国際的なスポーツ大会で優勝したとします（遂行レベルが高い）。すると、まるで自分が優勝したかのように気分が高揚し、「この前優勝したあいつ、同じ大学なんだよ」と人に自慢するなどします。他人の栄光の恩恵にあずかるという意味で、栄光浴とも呼ばれます。

　比較過程と反映過程は、3つの要因のうち2つが同じです。違うのは、自己関連性1つのみです。つまり、私たちの自己評価は、他者との関係性の中に自己をどう位置付けるかにある、といえそうです。

■ 2. 自己評価維持モデルの例

　SEMが想定するように、他者との比較の結果、自己評価が下がってしまう脅威にさらされたら、3つの要因のいずれか（時には全て）を低めることによって回避を試みます。その様子を、あだち充原作の漫画『タッチ』の主人公・達也の行動でみていきましょう。

　『タッチ』は双子の兄弟、高校生の達也（兄）と和也（弟）、そして彼らの幼馴染の女性・南を中心とする野球漫画です。成績優秀でスポーツ万能、優等生の和也に比べ、達也は勉強もスポーツもぱっとしない存在です。野球部のエースで4番の和也は、周囲から甲子園出場の期待を一身に受けています。

　この時の達也の内面を、SEMになぞらえて捉えてみましょう。達也にとって、和也は弟であり、心理的に非常に近い存在です。その和也が、野球で優れた成

功を収めていることから、他者の遂行レベルが高いといえます。さらに、野球は、達也にとっても強い関心があるため、自己関連性も高い状態です。自己関連性が高い領域において、心理的に近い他者が、高い遂行レベルを示している。この比較過程において、達也は、自己評価への大いなる脅威にさらされています。

達也が自己評価を守るためには、3つの要因のどれかを変える必要があります。しかし、和也が優れた野球選手であることは変わらず（他者の遂行レベルが高い）、双子の関係を切ることも不可能です（心理的距離が近い）。達也が「才能と努力。無敵の弟だよ」とつぶやくシーンがありますが、ここに、遂行レベルと心理的距離への働きかけを諦観している彼の気持ちが、集約されているように思われます。自己評価を維持するために残る要因はただ1つ、自己関連性を低めること、つまり、野球から遠ざかることです。達也は、和也からも野球からも離れた、ボクシング部へ入部することを決めます。

もし、達也にとって、野球がそれほど大事でなければ（自己関連性が低ければ）、エースで4番の和也の活躍は（遂行レベルが高く、心理的距離も近い他者）、達也の自己評価を高めます。「俺の弟、すごいんだぜ！」と周りに自慢できたでしょう。ほんの1つのボタンの掛け違いで、心の中の天国と地獄が決まってしまいます。

さて、ボクシング部へ入部した達也は、最初の試合で対戦相手に顔を連打され、ぼろ負けします。彼の自己評価回復の試みは、上手くいきませんでした。しかし、その後大きな出来事が彼らを襲います……。続きが気になりますが、この先は『タッチ』でご覧ください。達也にとって大事な2つのこと、野球と南、そのどちらにも深く関わる弟の和也。そして南に対するのと同じくらい、和也を思う達也の気持ち。この中で、いかに達也が、再び自己評価を取り戻すか、という観点で作品を読んでみるのも面白いのではないでしょうか。

3. 自己評価が脅威にさらされたら

『タッチ』の達也のように、私たちも、他者との心理的距離や遂行レベルを変えることは、まず困難です。自分を傷つける他人に、「あの人キライ」と言って距離をおいたとしても、心の中の「他人」は遠ざかるどころか、かえって

四六時中、心に浮かぶかもしれません。社会心理学の有名な実験に、「白くま実験」があります。これは、「白くまのことを考えないでください」と言われると、かえって白くまのことを考えてしまうという、**思考抑制のパラドックス**を示すものです（Wegner, Schneider, Carter, & White, 1987）。つまり、「もう忘れよう」と思うことほど、忘れることができない、ということです。では、いったいどうしたら、自己評価を脅かす状況から脱却することができるでしょうか。ここでは、その方法として、（1）苦しい気持ちを活かす、（2）自分を見つめる、を紹介します。

（1）苦しい気持ちを活かす

　もう一度、最初の啄木の歌に戻ってみましょう。「友がみな我より偉く見える日よ……」。この時、啄木の心の中には、どのような気持ちが渦巻いていたでしょうか。自分がなりたいと望んでいる姿に、自分ではなく、他の誰かがなっている。その様子を見て、自分を恥じる気持ち、劣等感、悲しみ、嫉妬……いろいろな否定的な気持ちが生じていたことでしょう。啄木は、花と妻に慰めを求めて心を落ち着けようとしましたが……ちょっと待って！　それは実はもったいないことかもしれません。

　普段の生活を振り返って、「友がみな我より偉く見える」時ほど、強い気持ちを感じることはそうそうありません。だからこそ、心が大きく揺さぶられたら、それはチャンスです。

　妬みの感情には、良性と悪性の2種類があることが指摘されています（澤田・藤井, 2016）。良性の妬みは、自分自身を高めたり、課題に根気強く取り組む動機付け（第13章参照）につながります。一方、悪性の妬みは、優れた他者を引きずり降ろそうとする意図と関係があります。このうち、自分にとってプラスになるのは良性のものです。どうせ苦しい思いをするなら、少しでも得になるように努めた方が割に合います。

　心理学では、「行動」の背景に、その行動を起こすエンジンとなる「欲求」を想定します。例えば、「食べ物を食べる」という行動は、「何か食べたい」という生理的欲求があって初めて成立します。「本を読む」のも、「新しいことを

知りたい」という知的欲求があるためです。しかし、行動は、特にそれが今まで試したこともないことは、なかなか生じません。元旦の誓いが簡単に破られてしまうのも、その一例です。新しいことを始めるには、強い「欲求」が必要です。その欲求というエンジンに、妬みという燃料を与えることができます。

　もし「友がみな我より偉く」見えたら、その時の居ても立ってもいられない気持ちを、新しい行動に結び付けてみましょう。友が偉いとしたら、なぜ友は偉くなれたのか。どんな努力をしたのか。自分がなりたい姿にすでになっている人は、どうすればそうなれるかのヒントです。妬みの対象は、自分が変わるための方法を教えてくれる対象でもあるのです。

　他者の幸せが当人にとってふさわしくないと判断される時には、悪性妬みが生じやすくなります。そして、悪性妬みは、容易には良性妬みに変えられません（澤田・藤井, 2016）。しかし、「なんであいつばっかり！」という悪性妬みの気持ちは、自分が相手を上回るという形で、解消することができると考えられます。お笑い芸人の南海キャンディーズ・山里亮太さんは、まだ今ほど世間に知られていない頃、同期に対して激しい嫉妬心を抱いたそうです（山里, 2018）。自分が出場できなかった漫才グランプリで、同期が決勝進出、優勝した。決勝に出られるのはキャリアがある先輩だから、と言い訳していたのが、そうも言っていられない。努力で負けているという現状を突きつけられたのです。この時の嫉妬心は「ものすごかった」そうです。そこで、「嫉妬の炎でエンジンを燃やし続け」て、ひたむきに努力を重ね、翌年にはそのグランプリで優勝を果たしました。ネタが書かれたノートには、ツッコむまでの秒数とウケた量が書かれ、毎回ライブが終わるたびにセリフの取捨選択が行われました。グランプリの前には、ノートが100冊近くあったそうです。「嫌なことがあった時は、ただやみくもに腐るだけでなく、これがどういう形で自分にメリットになるかを考え、努力する」。この言葉が、悪性妬みで得をするコツを端的に表しています。

（2）自分を見つめる

　次は、近年の臨床心理学で注目されている「アクセプタンス・コミットメント・セラピー（Acceptance Commitment Therapy: ACT）」に基づく方法を説明しま

す（Hayes, Follette, & Linehan, 2004）。ACT を説明することは、専門の研究者にとっても難しいことですが、あえて大胆に要約しますと、「嫌なことから目を背けずにむしろそれを受け入れ、積極的に社会と関わっていく力を身に付ける」ための心理療法です。ACT は、学習理論（特にスキナーの強化理論。第12章参照）をベースとして、言語と行動の関係をその人にしかできないやり方で作り直すことを支援します。従来の臨床心理学的理論だけではなく、仏教的世界観（マインドフルネス）を含めた、新しい心理療法として注目されています。理論的には難解な内容もありますが、それを大幅にアレンジして、自己評価への脅威の問題の解決策を探りましょう。

①あきらめる

いきなり「あきらめる」だと、問題を放棄しているように思われるかもしれませんが、そうではありません。ACT では「**創造的絶望感**（creative hopelessness）」と呼ばれているものです。辛い、苦しい気持ちがあると、私たちは、それをなんとか失くそうとします。しかし、白くま実験で触れたように、なんとかしようとするほど、ますますその辛い気持が強まります。そこで反対に、「なんとかしようとするのをやめよう」というのが創造的絶望感です。

もしかしたら、みなさんも、創造的絶望感をすでに実践しているかもしれません。私も、普段の生活でこれを実践している人に会ったことがあります。美容室で、男性の美容師と世間話をしていた時のことです。その美容室は系列店の１つで、時々研修でいろいろな店舗の美容師が集まるそうです。その際、男性の美容師同士だと、お互いの技術の高さを張り合うことがよくあるとのことでした。時には、お互い口も利かなくなることもあるそうです。私の髪を切りながら、彼は、「自分より上だと思ったら、素直に『すごいですね』って言えばいいんですよ。そうしたら、向こうもいいアドバイスくれて、おかげで技術が上がったり、仲良くなれたりするのにね」と淡々とハサミを動かしていました。これはまさしく創造的絶望感です。

創造的絶望感とは、比較過程でいえば、傷ついた自己評価を他者との関係性の中で無理して取り戻そうという試みをやめること、といえます。良い意味での降参ともいえましょうか。ですから、自分と誰かを比べて心が苦しくなった

ら、「あの人、すごいや」と白旗を上げてみてはどうでしょう。それがかえって、あきらめた領域での成功につながるやもしれません。

②自分の望みを探る

心が軽くなったら、今度は、自分の心の奥深くを探ってみましょう。自分がSEM の比較過程にあるとして、そこでどのようなことを考えているのでしょうか。啄木の場合だと、自分は駄目だ、無力な存在だ、ということかもしれませんね。このように、自分の思考を観察する作業を ACT では**脱フュージョン**といいます。この時点では、自分を苦しめている思考の正体が何なのか、明らかにすることが大切です。

では、自分が無力な存在だと、どうして悲しくなるのでしょうか。それは、心の底では、自分はより良い人間になりたい、と願っているからではないでしょうか。マズローの**欲求階層説**では（第6章参照）、人間は、最終的に自己実現の欲求を持つと想定されています。通常は三角形で示される図ですが、逆三角形にすると、心の奥底にある「欲求」≒「より良い自分になりたい」をよく表すように思われます（図7-2）。私たちは、普段、他者の幸せや成功に気を奪われ、自分と比べて不安や嫉妬を抱き、それ以外の気持ちに気づくことが難しいことがあります。ですが、自分の心を探ってみれば、その底にはより良い人間になりたいという「欲求」があるのに気づくのではないでしょうか。

ラグビーの世界で活躍した平尾誠二さんは、著書の中で次のように述べています。「不安や怖さを感じるのは決して恥ずかしいことではない。むしろ当然だろう。そもそもこうなりたいという願望や目指すべき理想を持たない人間が、不安を抱えたり絶望に陥ったりするのだろうか。……（中略）……逆に言えばこうなりたいという気持ちがなければ不安も絶望も感じるわけはない。」

自分に自信が失くなったり、誰かが妬ましくなったりするのは、自分に成長したいという気持ちがあるから。そして、一見「嫌な奴」は、普段は忘れている前向きな気持ちを思

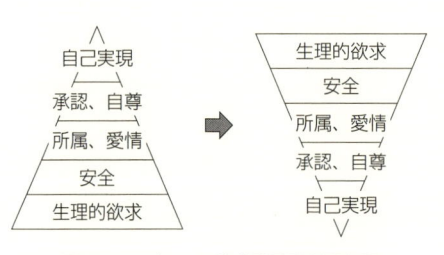

図7-2　マズローの欲求階層説と回転図

い出させてくれる人である。このような視点で、もう一度他者と向き合えば、その人はもう自己評価を脅かす存在ではなくなっているかもしれません。

　以上、（1）苦しい気持ちを活かす、（2）自分を見つめるという2つの方法を紹介しましたが、どちらが取り組みやすそうですか。自分の心の扱い方は人によって異なるために、唯一の正解はありません。だからこそ、自分で自分の心を扱う練習が必要です。そして、練習すればするほど、心の落ち着かせ方が上手になります。自分の心は、自分で支えることができるのです（Hayes et al., 2004）。

【より深く学びたい人のために】

加藤 司・谷口弘一（2008）．対人関係のダークサイド　北大路書房：嫉妬をはじめとして、浮気、他責、暴力など、他者との間に生じうる「影」に焦点を当てた章で構成されています。その対応方法や、反対の「明」とのつながりも考察されており、厚みのある人間理解に役立ちます。

新谷 優（2017）．自尊心からの解放——幸福をかなえる心理学　誠信書房：現在は、自尊心が高いことを無条件に評価する傾向にありますが、その見解が必ずしも正しいとは限らないことを豊富な研究成果を引用しながら説明しています。章末の Try で自分を振り返り、実感を持って自尊心のあり方を考えられるよう工夫されています。

熊野宏昭・武藤　崇（編）（2009）．特集「ACT（アクト）＝ことばの力をスルリとかわす新次元の認知行動療法」　こころのりんしょう a・la・carte, 28巻　星和書店：季刊誌の1冊全体で ACT を取り上げています。一般向けの Q&A から、研究者・治療者による座談会、理論や様々な精神症状への効果に関する論文が集められており、ACT の全容を知ることができます。

【引 用 文 献】

Festinger, L. (1954). A theory of social comparison processes. *Human Relations, 7*, 117-140.

Hayes, S. C., Follette, V. M., & Linehan, M. M. (Eds.). (2004). *Mindfulness and acceptance: Expanding the cognitive-behavioral therapy*. New York, NY : Guilford Press.（ヘイズ，S.C., フォレット，V.M., リネハン，M.M. 春木 豊（監修）武藤　崇・伊藤義徳・杉浦義典（監訳）(2004)．マインドフルネス＆アクセプタンス：認知行動療法の新次元　ブレーン出版）

平尾誠二（2006）．人は誰でもリーダーである　PHP 新書

澤田匡人・藤井 勉（2016）．妬みやすい人はパフォーマンスが高いのか？——良性妬みに着

目して　心理学研究 *87*, 198-204.

Tesser, A., Campbell, J., & Smith, H. (1984) Friendship choice and performance: Self-evaluation maintenance in children. *Journal of Personality and Social Psyhology, 49,* 1169-1183.

Wegner, D. M., Schneider, D. J. Carter, S. R., & White, T. L. (1987). Paradoxical effects of thought suppression. *Journal of Personality and Social Psychology, 53,* 5-13.

山里亮太（2018）．天才はあきらめた　朝日新聞出版

【コラム10　自分と自分を比べる：セルフ・ディスクリパンシー理論】　私たちが行う比較には、自分と他者だけではなく、自分と自分の比較も含まれます。セルフ・ディスクリパンシー（self-discrepancy）理論では、私たちは現実の自分の姿に苦しむのではなく、こうありたいと望む自分やこうすべきと信じる自分と、現実の自分との間のずれ（discrepancy）によって苦しむと考えます（Higgins, 1987）。そして、これらのずれが慢性化すると、負の感情を抱くようになります。

　この理論では、私たちが自己について抱く姿として、現実自己、理想自己、当為自己（義務や責任に関する自己）の３つを想定します。そして、理想自己と現実自己が一致しない場合は、自分の理想や願望が達成されていないために、悲しみ、失望、不満などの感情が生じます。当為自己と現実自己が一致しない場合は、義務や責任を果たしていないこととなり、それに対する制裁に対する恐れ、緊張が生じます。

　例えば、大学受験を目前にした高校生であれば、憧れの大学に入学する理想自分と、合格が不確実な現実自分との間のずれによって、「こんなに勉強しているのに成績が上がらない」と落胆することは珍しくないでしょう。また、塾に通うなどしていれば、家族は自分が受かるのを期待しているはずだという当為自己と、現実自己との間のずれのために、「合格できなかったらどうしよう」と緊張を感じることがあるのではないでしょうか。

　このように、自分または他者が抱いている理想や、果たすべきと考えている責任と、現在の自分との比較が、体験する感情の違いに影響します。

【引用文献】

Higgins, E. T. (1987). Self-discrepancy: A theory relating self and affect. *Psychological Review, 94,* 319-340.

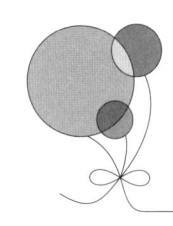

認知と感情 08
悩みが続く仕組み

　自分や他人の言動について、あれやこれやと悩むことはありませんか。「どうしてあんなこと言っちゃったんだろう」「あの時、そうしておけばよかったのに」など、過ぎたことをいつまでも考えてしまったり、「大丈夫だよって言ってたけど、実は怒っていたのではないだろうか」など、他人の心の内について結論の出ない推測をし続けてしまったり。こういう場合は、前向きに考えようとしても、また元の状態に戻ってきてしまいがちです。どうして悩み始めるとそれが終わらないのでしょうか。また、どうしたら悩んでいる状態を変えることができるのでしょうか。第8章では、悩みの問題を、認知と感情の2点からみていきましょう。

1. 反すう思考

　冒頭の例のように、ある苦痛の症状やその原因、意味、結果について反復的に考えることを反すう（rumination）といいます（Nolen-Hoeksema, 1991）。自分にとって望ましくない出来事が起きた時に反すうを行うと、深刻な抑うつ症状につながる可能性が高くなります。誰でも悩みが続くことはありますから、どのくらいの時間考え続けると反すうになるのかは気になるところです。明確な基準はありませんが、反すう思考の程度を測る心理尺度には、「嫌なことばかりを30分以上途切れなく考え続けることがある」の項目もありますから（伊藤・上里, 2001）、眠れずにあれこれ一晩中考え込んでしまったなどは、反すう思考といえるでしょう。

　反すう思考を続けるのは、気分の良いものではありません。嫌なことが起こっても、他のことを考えれば気が晴れますから、反すう思考を止めることは望ましいことです。しかし、いったん反すう思考が始まると、それを意図的に止めることは難しくなります。その理由を、「認知と感情のつながり」の観点か

ら考えていきましょう。

■ 2．認知と感情

（1）当たり前、だけど画期的な研究

「怒っている時には冷静な判断ができない」「将来を悲観していたらどんどん落ち込んでいった」といった体験をした方は多いでしょう。認知と感情のつながりとは、このような、怒っている、落ち込むなどの感情状態と、判断や思考といった認知過程が互いに影響しあうことをいいます（感情については、章末も参照）。2つのつながりは「当たり前」のように受け取られるかもしれませんが、心理学的には当たり前ではありませんでした。

「認知」とは、現代の心理学を語る上で最も重要なキーワードであり、知覚、記憶、思考や判断など、脳で行われる知的作業全般を指します。第9章では視覚の仕組みを取り上げますが、視覚もまた認知過程の1つです。心理学において、こうした「頭の中の働き」を軸に据える動き（認知主義と呼ばれています）は、1960年代に盛んになり、現在でも主流となっています。

学問の世界は細分化されているとはよく聞く話ですが、これは心理学にも当てはまります。心理学の研究者は自分の専門領域に特化するために、認知と感情という2つの領域はそれぞれ独立した文脈で研究されてきました。しかし、1980年代になり、認知と感情の重なりが、心理学、特に社会心理学分野で注目されるようになりました（海保, 1997）。

研究が進展するにつれて、認知と感情が重なる現象は、社会心理学のみならず、臨床心理学へも大きく貢献することが明らかになりました。現在では、認知理論を組み込んだ臨床心理学として、認知臨床心理学という領域が誕生しています。本章で扱っている「反すう」も、2つの領域がクロスした成果です。

（2）反すうにおける2つの過程

「認知と感情のつながり」の話に戻りましょう。そこには「感情から認知に及ぼす影響」と、「認知から感情に及ぼす影響」の2つの過程があります。

①感情から認知へ

　悲しい気分の時には悲しいことを考えて、楽しい気分の時は楽しいことを考える。この当たり前のように思える体験は、心理学的には興味深い現象です。心理学では**気分一致効果**と呼ばれる現象ですが、これは、感情と認知という異なる心のプロセスがつながっていることを示しています。いったいどのようにしてつながっているのでしょうか。

　私たちの頭の中では、様々な概念や知識が相互に結び付き、ネットワークを形成していると考えられています。例えば、「バナナ」と聞くと、言われていないのに「黄色」「甘い」「サル」などを思い出す人は多いでしょう。それは、頭の中で「バナナ」と「黄色」が結び付けられて保存されており、「バナナ」が意識に上ると、それと結び付く「黄色」「サル」も、次々に意識化される（活性化する）からです。

　このネットワークには、感情の概念そのものも含まれています（Bower, 1991）。例えば、悲しみという感情の知識は、それと関連する出来事や人物、身体症状などとつながっています（図8-1）。また同時に、悲しみは別の感情である怒りや、より大きな概念のネガティブ感情ともつながっています。このように、その性質や特徴が似た知識はまとまって頭の中に存在していると考えられています。

　感情に関するネットワークは、自分に関するネットワークの中にも存在し、良い所、長所、楽しい思い出といったポジティブなものの集まりと、その反対の内容のネガティブなものの集まりがあると予想されます（図8-2）。何らかのきっかけで、悲しい感情や、落ち込みが生じたら、それに連なる自分の悪い所、短所、嫌な思い出も、芋づる式に活性化します。その結果、自分の悪い所、短所、嫌な思い出ばかりが頭に上ってきやすくなります。

　そしていったん頭に上ってきたネガティブな内容は、自分の力で

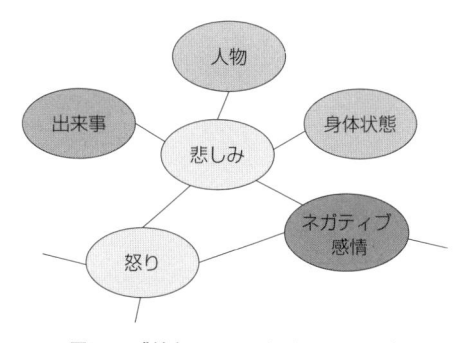

図8-1　感情ネットワーク（Bower, 1991）

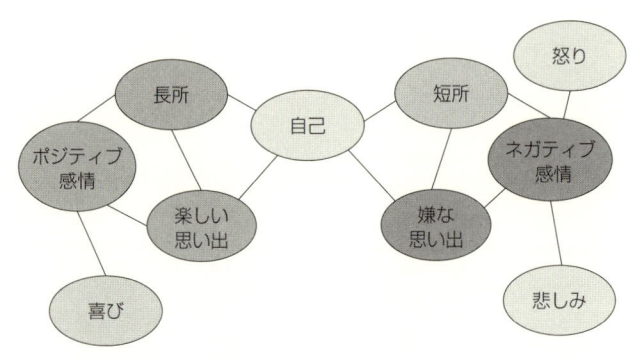

図8-2　自己のネットワーク

忘れるように抑え込むことが困難です。もし無理に考えないようにしようとすると、かえって忘れることが難しくなります（Wegner et al., 1991）。さらに、自己に関するネットワークにある、ポジティブなものとネガティブなものは、どちらかが意識されると、もう一方は抑制される傾向があります（Bower, 1991）。悲しい気持ちの時に嬉しい思い出を思い出しにくいのは、こうしたネットワークの特徴があるためです。

　このような仕組みにより、嫌なことをきっかけとしてネガティブな感情が生じると、それに関連する考え事が持続されやすくなります。

②認知から感情へ

　認知と感情とのもう1つのつながりは、認知の中身、すなわち何をどのように考えるか、によって、ネガティブな感情が生じる過程を指します。この「認知」から「感情」への影響は、主に臨床心理学における**認知療法**の理論の中で論じられてきました。それらの理論では、一貫して、私たちの感情（特にネガティブな感情）は、自分の外部で起きる出来事によって生じるのではないと考えます。普段の経験からすると、誰かに非難されたり、失敗することによって、悲しみや怒りや寂しさ等が生じるように感じられるために、認知理論には違和感を覚えるかもしれません。そこで、認知療法の代表的な理論、ABC 理論を例に（Ellis, 1975）、感情が生じる道筋を捉えてみましょう（図8-3）。

　ABC 理論の A は Activating Events（悩みを誘発する出来事）、B は Belief（信念）、

C は Consequence（結果としての
ネガティブな感情、悩み）を意味
します。A：望ましくない出来
事によって、まず生じるのは、
B：その出来事についてどのよ

A Activating Events 悩みを誘発す る出来事	➡	B Belief 受け取り方、 考え方、信念	➡	C Consequence 結果としての ネガティブな 感情、悩み

図8-3　思考と感情の順序関係 (Ellis (1975) を参考に作成)

うな考えを持つか、です。もし何か失敗をした時、「失敗することはみじめな
ことだ」「失敗をしたら、周りの人から軽蔑される」という信念を持っていた
としたら、C：その結果は、落ち込み、悲しみ、失望などのネガティブな感情
です。つまり、Cの感情の直接的な原因となっているのは、AではなくB、自
分がどう考えているか、といえます。そして、Bの考え方が続く限り、Cの感
情もネガティブなままであり続けます。

　ベック（Beck, A. T.）は、ネガティブな感情につながるBの受け取り方や信
念を「認知の歪み」と呼び、様々な認知の歪みが抑うつをはじめとするネガ
ティブな感情の原因になっていると述べました（表8-1）。これらの認知は、必ず
しも全ての人が持つものではなく、その有無には個人差があります。認知の歪
みがある人では、嫌な出来事が起きた時に、それが意識されることなく自動的
に利用されます。そして、自動であるがゆえにほとんど意識化されません。例
えば自転車に乗る時には特に注意することなく勝手に体が動きますが、同様に、
嫌な出来事が起きると勝手に認知の歪みが利用されます。表8-1の「結論の飛
躍」でいえば、友人からしばらく連絡がない時に、その出来事を自動的に「連
絡がないのは自分のことを嫌っているからだ」と解釈するのが該当します。実

表8-1　認知の歪みの例

名称	説明	具体例
オール・オア・ナッシング思考	極端な2つの結論しかない	「これで失敗した私は、ダメな人間だ」
読心術	他人の考えを無根拠に読み取る	「あの人は私のことをバカにしている」
結論の飛躍	不適切な因果判断	「あの人から連絡がない、私のことを嫌っているんだ」

際には様々な理由が想定されるのにもかかわらず、ネガティブな結論だけに注目してしまい、それを事実のように受け取ってしまいます。その結果起きるのは、ネガティブな感情です（Beck, 1976）。

　私たちは、悲しい出来事や辛い経験をしている友人に、「あなたのような価値のない人間が、人に好かれるはずがない」などとひどい言葉を投げつけることはありません。私たちは人生や他者を100％コントロールすることは不可能ですから、時には悲しみや辛さを感じることも避けられません。それは本人の責任とはまた別の問題です。にもかかわらず、自分が嫌な出来事を経験した時、自分自身に対しては友人には決して投げかけない言葉で非難することがあります（Winch, 2013）。認知の歪みの一番の問題点は、この「自分には何を言ってもいい」と当人に信じ込ませてしまうところかもしれません（Neenan & Dryden, 2006）。

　ここで、先の気分一致効果を思い出してみましょう。ネガティブな感情はネガティブなことを考えさせ続けるのでしたね。すると、ネガティブな考え事はまたネガティブな感情を強めて、またさらにネガティブな感情はネガティブな認知を活性化して……と時間とともにネガティブな考えと感情は増幅していきます。認知と感情の間は、こうした循環的なプロセスがあるために、いったん反すうが生じるとそこから抜け出すことが難しくなります。

3. でも、反すうだって役に立つのでは？

　ここまで、反すうについて、やめることを前提に説明してきました。しかし、反すうにも役に立つ側面があると考えている人もいるかもしれません。反すうは、確かに悲しみや落ち込みを持続させるが、過去の経験を振り返ることで、自分の欠点や至らなさがわかり、同じ誤りを繰り返さないために心構えができるのではないでしょうか。

　そう考えるのは、間違いではありません。ただし、注意すべきなのは、過去の自分を振り返る方法は、「反すう」と「省察」の2つあるということです（Trapnell & Campbell, 1999）。この2つの違いは、それを行おうとした出発点、動

機付けにあります。「反すう」は、自分にとっての脅威や損失（プライドを損なう可能性や実際に損なうこと）、またそれによる抑うつや不安を取り除こうとして行われる思考です。しかし実際には、反すうによって、抑うつがひどくなったり、長引いたり、より深刻なうつ病になる可能性もあります。一方、「省察」は自分への好奇心や興味から行われるもので、前向きな努力やポジティブ感情につながりやすいと考えられます。落ち込んだり悲しい時に行われやすいのは「反すう」であり、「省察」とは別物といえるでしょう。どうやら、元気が出ない時は、自分についての理解を深める時ではないようです。

■ 4．反すうから脱出するために

　ここまで、反すうが続きやすいのは、認知と感情の結び付きがあるためであり、反すうによって自己洞察が得られるよりは、ネガティブな感情が強くなる傾向があることがわかりました。ここからは、どうすれば反すうを止めることができるかを考えていきましょう。

（1）感情から認知への矢印を遮る

　その具体的な方法は、実にシンプルです。他のことをすればよいのです。これは第6章で触れたコーピングの「気晴らし」にも該当します。気晴らしをしても、本質的な問題解決にはならないのだから、ただの現実逃避ではないか。そう思われるかもしれませんが、ここで重要なのはネガティブな感情から「逃げる」ことです。辛い気持ちのままでいること、またその気持ちの原因等について考え続けることこそが、認知と感情の循環的影響にエネルギーを与えることになります。負のスパイラルを断ち切るために、エネルギーの供給を止めなければなりません。

　ここで注意するのは、「考えないようにしよう」と心がけるだけだと余計考えてしまう、ということです。「～～しないように」は「～～するように」と同じ意味です（Wegner et al., 1991）。「考えない」ためには、「～～しないように」という否定形ではなく、肯定形で別の「○○をする」と表現するのが効果的で

す。そして、その行動は簡単なもので構いません。例えば、「2分間何かに集中する」でも十分です（Winch, 2013）。むしろ、簡単な行動であることが重要です。どんな簡単な行動でも、自分の意志で始めることができれば、自分で自分をコントロールできるという自信、達成感がわきます。その自信は、行動を起こすことさえできれば、難易度にかかわらず手にすることができます。

　ここで、もう一度図8-2を見てみましょう。先に、ネガティブなネットワークは、その対照にあるポジティブなネットワークを抑制してしまい、それが反すうの維持を助けると述べました。しかし、逆も真なりです。ポジティブなネットワークが活性化すれば、今度はネガティブなネットワークを抑えるように働きます。反すうを成り立たせる仕組みは、逆にそれを成立させないために利用することもできるのです。だからこそ、たとえ簡単なものであっても、反すうに対抗するための行動を始めることが重要です。作家の村上春樹さんは、寝る前にあれこれ考えそうになったら、スペイン語で1から10まで数え、パンと手を打ち、「おしまい」と言って寝てしまうそうです。村上さんが感情ネットワークのことをご存知かはわかりませんが、その習慣は心理学的にも効果的な方法といえますね。

（2）認知から感情へ

　認知から感情への影響を断ち切ることができれば、反すうを抑えることができます。ABC理論でいえば、Bの出来事の受け取り方や信念を、ネガティブなものにしなければネガティブな感情は生じません。ではどのようにしてネガティブな考え方を変えていけばよいのでしょうか。

　先に、認知の歪みは自動的に利用されることを説明しました。この自動性は、認知の歪みが使われていることに気づきにくいことを意味します。しかし自動的であるとは、当人がどのように考えるかを全くコントロールできないということではありません。自分は今どのように考えているのかを意識することで、認知の歪みが使われていることに気づくことができます。そのヒントは、認知療法の中にあります。

　認知療法（または認知行動療法）は、治療者との対話を通じて、相談者の認知

表8-2　思考記録表 (Neenan & Dryden, 2006)

状況	否定的自動思考 その考えの正しさを見積もる 0〜100%		感情 その気分の強さを見積もる 0〜100%	
サインをする前回の議事録が手渡されるのを待っている	手が震えて止まらなくなるだろう　90% 私は神経質で自制不能な人と見られるだろう　90% 私の威信は失墜するだろう　95% 皆は私を議長として望まないだろう　90%		不安	90%

の歪みを修正し、思考を理性的・合理的なものに変えていくことによって、問題解決を図る心理療法です。そこでは、認知の歪みに気づくための方法として、思考記録表が用いられます。

　実際の例をみてみましょう（Neenan & Dryden, 2006）。ジョンは50代前半の開業医です。対人恐怖症と診断されており、ひどい不安に悩まされています。重要な委員会の委員長に選出されたのですが、「議事録署名の際、手の震えを見られたら、私の威信は失墜する」という不安に襲われています。治療者は、ジョンに今どのような感情があるか、その感情の原因となる考えは何か、それはどのくらい正しいかを思考記録表に記入してもらいます。表8-2を見ると、ジョンの不安は強く、その不安の原因となる考えも、確たるもののようです。

　実際の治療では、治療者は、ジョンに別の角度から考えることができないかを尋ね、これまでとは違う考え方を持てるように促します。ジョンも、治療者とのやりとりを通じて、「神経質で自制不能な人と見られる」という考えが、他者の内面を勝手に推測した結果にすぎないことを自覚するなど、不安が大きく軽減します（表8-3）。

　普段の生活の中で、認知療法を受ける機会はそう多くはありません。治療者の援助を受けて認知の歪みを修正できれば最善ですが、そうでなくても、自分だけでできることもあります。それは、自分の気持ちや考えを「書く」ことで

表8-3 思考記録表〈続き〉（Neenan & Dryden, 2006）

状況	代わりとなる バランスの取れた思考 その考えの正しさを見積もる 0〜100%	今の気分は？ その気分の強さを見積もる 0〜100%	
サインをする 前回の議事録 が手渡される のを待ってい る	過去に震えたことがあるが、決して制御不能 ではなかった　70% 私はまた読心術者になっている。私がどのよ うに見られているのかを知りたければ、彼ら に尋ねよう　70% 威信の失墜は、手の震えよりもはるかに深刻 な失敗や失態が原因　75% 彼らは私を議長として選出した。そして私の 知る限り、まだ私を望んでいる　75%	不安	40%

　す。表8-2と8-3の両方を書ければより良いですが、表8-2だけでも構いません。書くためには、自分の内面を客観的に見なければなりません。いわば他人を見るように自分の考えを見ることにつながります。また、自分の書いたものを自分で読むのも、感情の整理や冷静な判断を促します。そうなれば、ネガティブな視点ばかりの考え方に余裕が生まれ、「もし友人が同じ状況になったら、そんなひどいことを思ったり言葉かけしたりはしないな」と考えを改めることも可能になります。「書く」なんて、そのような簡単なことをしても何も変わらない、と思われるかもしれません。ですが、反すうが起きている時実際に自分の気持ちや考えを記録したことがある人は、どれだけいるのでしょうか。認知行動療法の効果の大半は「否定的な思考から距離をおくスキル」にあるとも指摘されています（レビューとして、杉浦, 2008）。書くために必要なのは、紙と筆記用具、そしてわずかな好奇心だけです。失うものはほとんどなく、得られる成果は大きいのですから、一度くらいは体験してみるのも悪くありません。

誰にでも、不意に嫌な出来事は起こります。その結果としてネガティブな感情を経験することもあります。いったんネガティブな感情が生じれば、それがネガティブなネットワークを活性化することも仕方のないことです。大事なのは、ネガティブな感情を体験しないようにと頑なになるのではなく、いったん経験したネガティブな感情の勢いを落とすことです。その方法として、本章では「わずかな時間、別な行動をする」「自分の気持ちを書く」ことを紹介しました。

　理想的には、いつも明るく前向きな気持ちでいるべきなのかもしれません。暗い気持ちになりがちな人は、そういう自分のことも好きになれないかもしれません。しかし、自分は落ち込みやすいとわかっているのは、長い目で見ればプラスに働くと考えることもできます。「一病息災」という言葉をご存知でしょうか。健康で病気のない人より、病気を持っている人の方が体を大事にする分、長生きできるということわざです。同様に、「一哀息災」、時には悲しみを味わう方が、心を大事にして幸せになれる。また、他人の悲しみも理解でき、寄り添うこともできるようになる。実際には「一哀息災」ということわざはありませんが、今の悲しみが将来の財産になることは十分ありえます。自分の心を労るのは、自分を甘やかしているのではなく、むしろ自分を成長させることにつながります。

　【より深く学びたい人のために】

ペネベーカー, J. W. 余語真夫（監訳）(2000). オープニングアップ——秘密の告白と心身の健康　北大路書房：「書く」には、ネガティブな感情や考え方を和らげる作用があります。その方法を「筆記療法」として、わかりやすく述べている本です。書くというのはこんなにも効果的な方法なのかと驚かされます。心理的な症状に加え、身体症状に関するデータが多数紹介されており、多角的な研究方法を知ることもできます。

ウィンチ, G.　TED トーク「心にも応急手当てが必要な理由」：体が怪我をした時にはすぐに処置をします。一方、心が怪我をした時はどうでしょうか。自己流で対処してしまい、傷を悪化させているのではないでしょうか。孤独感、失敗、自己肯定感の低下、様々な心の傷について、応急処置の必要性と、適切な方法を紹介している動画です。
　　https://www.ted.com/talks/guy_winch_the_case_for_emotional_hygiene?

language=ja

大平英樹（編）（2010）．感情心理学・入門　有斐閣：本章では広く「感情」という言葉を使いましたが、感情は、情動（原因が明確で生理的覚醒を伴うもの）やムード（原因が明らかではなく長時間続くもの）を含む広い概念です。この本では、生物学的基盤、社会、発達、進化と多岐にわたる感情研究を一望できます。

【引 用 文 献】

Beck, A. T. (1976). *Cognitive therapy and the emotional disorders*. New York, NY : International University Press.（大野　裕（訳）（1990）．認知療法——精神療法の新しい発展　岩崎学術出版社）

Bower, G. H. (1991). Mood congruity of social judgements. In J. P. Forgas (Ed.), *Emotion and social judgements*. Oxford, England : Pergamon Press. pp.31-53.

Ellis, A., & Harper, R. A. (1975). *A new guide to rational living*. upper Saddle River, NJ: Pretice Hall（エリス A.・ハーパー R. A.　北見芳雄（監修）　國分康孝・伊藤順康（共訳）（1981）．　論理療法——自己説得のサイコセラピイ　川島書店）

伊藤　拓・上里一郎（2001）．ネガティブな反すう尺度の作成およびうつ状態との関連性の検討　カウンセリング研究, *34*, 31-42.

海保博之（1997）．「温かい認知」の心理学——認知と感情の融接現象の不思議　金子書房

Neenan, M., & Dryden, W. (2006). *Cognitive therapy in a nutshell*. London, England : Sage.（ニーナン, M.・ドライデン, W. 大谷　彰（監訳）（2007）．わかりやすい認知療法　二瓶社）

Nolen-Hoeksema, S. (1991). Responses to depression and their effects on the duration of depressive episodes. *Journal of Abnormal Psychology, 100*, 569-582.

杉浦義典（2008）．マインドフルネスにみる情動制御と心理的治療の研究の新しい方向性　感情心理学研究, *16*, 167-177.

Trapnell, P. D., & Campbell, J. D. (1999). Private self-consciousness and the Five-Factor Model of personality: Distinguishing rumination from reflection. *Journal of Personality and Social Psychology, 76*, 284-304.

Wegner, D. M., Schneider, D. J., Knutson, B., & McMahon, S. R. (1991). Polluting the stream of consciousness: The effect of thought suppression on the mind's environment. *Cognitive Therapy and Research, 15*, 141-152.

Winch, G. (2013). *Emotional first aid: Practical strategies for treating failure, rejection, guilt, and other everyday psychological injuries*. New York, NY : Hudoson street press.（ウィンチ, G. 高橋璃子（訳）（2016）．NY の人気セラピストが教える自分で心を手当てする方法　かんき出版）

視　　覚　09

ものを「見る」仕組み

　私たちは、何かを見ている時、見ている対象は気になるものですが、それがなぜ、今自分が見ているように「見える」のかは気に留めません。それは、自分の周りの世界が、自分が見ているような状態で「存在している」と思っているからではないでしょうか。しかし、私たちは外の世界をありのまま見ているのではありません。視覚の成立には、脳の働きが大きな役割を果たします。私たちは、脳というフィルターを通した（大胆に言えば、脚色された）映像を「世界」として見ているのです。第9章では、こうした視覚の成り立ちについて、学んでいきましょう。

 ## 1．この絵は何？

　突然ですが、図9-1の2つの絵は、何に見えますか？

　左にある絵を見た時は、いったい何が描かれているのかわからなかったと思います。しかし、右の絵は、田舎の山あいにある、小さな集落が描かれているのがわかったのではないでしょうか。さて、この2つの絵ですが、左の絵は右の絵の中央部の一部を切り取り、拡大したものです。つまり、どちらも同じ絵です。では、左の絵を見た時、右の絵の一部だと気づいたでしょうか。そして、なぜ左の絵は何が描いてあるかわからなかったのに、右の絵は、「山あいの風景」

図9-1　何が描かれていますか

に見えたのでしょうか。

　ここで、写真のことを考えましょう。最初の絵と同じような、山あいの風景写真があるとします。この写真の中央部から一部を切り取り、拡大したら、何が見えるでしょうか。

　おそらく、屋根の瓦、木々の葉が1つひとつ、くっきりと見えることでしょう。そして、切り取られた写真は、大きな写真の一部であることがわかると思います。つまり、写真によって写し取られる風景は、細かい部分の集合によって成り立っているといえます。

　写真の成り立ちと同様に、私たちの視覚風景も、視野に入る細部を1つひとつ認識し、それらを総合したものと一般的には考えられています。しかし、このような「写真」モデルでは、先に示した2枚目の絵が「風景」として見える説明にはなりません。細部が大雑把に描かれているにもかかわらず、なぜ2枚目の絵は「風景」に見えるのでしょうか。そこには、視覚風景＝細部の集合体＋αの仕組みが働いていると推察できます。次節では、その＋αを理解するために、脳における視覚の仕組みを考えていきます。

　その前に、1つ質問です。先に示した絵の作者は、誰でしょうか？　次の3つの選択肢から、1つを選んでください。

　　　　　①ゴーギャン　　　②セザンヌ　　　③モネ

　正解は、第3節の冒頭に書いてありますので、ちょっとだけ先読みして、答え合わせをしてください。この絵の作者は、「近代絵画の父」と呼ばれています。その理由の1つは、人間の視覚の特徴を正確に理解していたことによります。では、作者は何を理解していたのでしょうか。彼が理解していたことを本章を通じて理解していきましょう。

2．視覚の仕組み

　視覚とは、視覚系を通じた、環境に関する一連の**情報処理過程**のことをいいます（図9-2）。私たちは、角膜を通じて外からの光を取り入れます。その光は、眼球の裏側にある網膜に写し込まれ、その形や特徴などの情報が電気信号とし

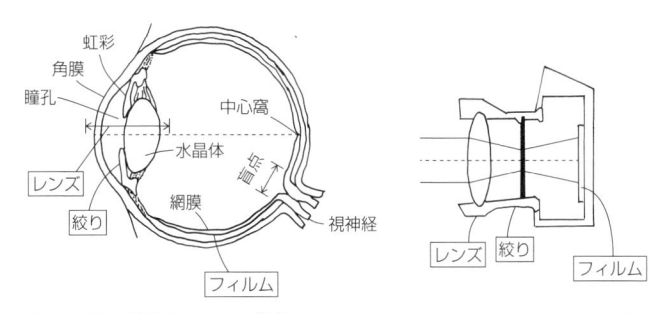

図9-2　眼の構造とカメラの仕組み（北尾・中島・井上・石王（1997）より作成）

て脳の視覚野に送られます。その様子は、カメラになぞらえることができます。レンズを通してカメラの中に入ってきた光が、フィル

図9-3　視覚に関する一般的なイメージ

ムに転写され、外界が「そっくりそのまま」映し出されます。

　しかしカメラとは異なり、人の場合は、光をフィルムに「写す」だけではなく、その判別の過程が続きます（図9-3）。視覚野に送られた形や特徴などの情報は、すでに頭の中にある（記憶されている）パターンと照合され、何の「写真」かが判別されます。

　しかし、人間の視覚に関する説明としては、この内容だけでは不十分でしたね。私たちには、外界の姿を網膜に正確に復元し、その形や特徴を認識する以上の仕組みが備わっています。その＋αの仕組みがなくては、私たちの視覚は成立しないのです。私たちが「見る」上で欠かせない＋αとは、（1）**注意**（Posner, 1980）、（2）**認識**（Wertheimer, 1912）の2つです。それぞれ詳しく説明していきましょう。

（1）注　　意

　これは、見ようとする対象に注意を向けるという条件を指します。ただし、視覚的な注意は、眼球運動とは独立しています。これは、私たちは視界の端にある（眼球運動を伴わない）ものを見ることもあるし、自分が思っている以上に

目の前のものを「見ていない」という意味でもあります (Scholl, Pylyshyn, Feldman, 2001)。例えば、毎日通っている通学通勤路で、ある日突然ぽっかりと空き地ができることがあります。そういう時、以前にどのような建物が立っていたかを思い出せない、という経験はよくあります。確かに何度も見ているはずなのですが、その対象に対して視覚的な注意が向けられていなければ、「見ていない」のと等しいのです。

①注意の対象

　対象に視覚的な注意が向けられる時は、視野の中に異質な領域が存在する時です。例えば、学校の教室にある黒板を思い出してみましょう。黒板だけを見て、何が見えますかと聞かれれば、「何も見えない」と答えるでしょう。しかし、黒板自体の色（黒ではなく緑ですが）は「見えている」はずです。にもかかわらず「何も見えない」のは、黒板に、チョークの白文字などの黒板以外の領域がないからです。

　目で見えている範囲の中に2つの領域があれば、そのどちらかに選択的に注意が向けられます。この時、注意を向けられた領域を「**図** (figure)」、注意を向けられず背景となった領域を「**地** (ground)」といいます。2つの領域は、境界線によって区別されます。図9-4の上部は、「ルビンの壺」と呼ばれ、「図と地」の役割が注意によって容易に入れ替わることを示します。「ルビンの壺」は、黒い領域に注意を向ければ向かい合う2人の人物のシルエットに見え、一方、白い領域に注意すれば、黒い背景に浮かび上がる白い壺に見えます。では、図9-4の下部にある図は、何に見えますか？　どこに注意を向けるかによって、2つの英単語が交代で見えてきます（答えは、この段落にある2つの英単語です。わかりましたか？）。

②注意の移動

　視野の中に異質な2領域があり、

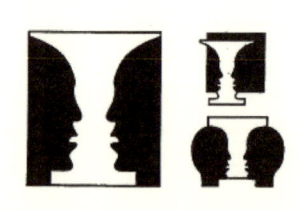

図9-4　視野の中の領域 (神田ら, 2002)

どちらを「図」とするかが決まっても、それでも2つの対象が見えることがあります。図9-5を見てください。ほとんどの人にとって、この絵における「図」は、"女性"でしょう。しかし、人によっては老婆に見えたり、若い女性に見えたりします。この絵は多義図形として知られているもので、「図」の中における注意の移動が、見えるものを変えることを表しています。

図9-5　多義図形

　先ほど、視野に含まれる対象のうち、私たちが注意を向けるのはその一部でしかないことを述べました。1つの「図」においても同様であり、注意を向けた「図」の中でも、特に注意を向ける部分とそうではない部分が存在します。多義図形を見る時の注視箇所を調べた実験では（三浦, 1993）、この図を若い女性として見ている時は図9-6上部のように向こうを向いた顔の目の周辺部に注視が集中します。一方、老婆として見ている時は図9-6下部のように、老婆の目と口に該当する箇所を注視しています。これは、人の顔を認識する時には、顔を隅々まで見るのではなく、図を

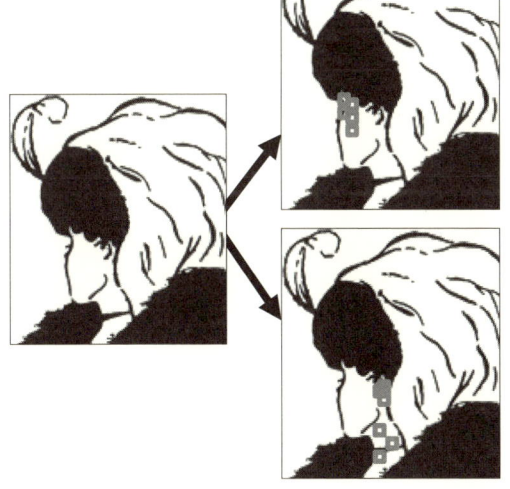

若い女性の場合

老婆の場合

図9-6　顔認識と注視 （三浦 （1993） を一部改変）

特徴づける要素（多義図形の場合は顔に特有に存在する目や口）を注視することを示しています。

　私たちがモノを見る時の範囲が限定的であるという性質は、最近の映画でよく使われる VFX（CG を駆使した映像技術）でも活用されています。例えば、映画『タイタニック』には、かつての豪華客船とその甲板の先に立つ主人公の男女の姿が、次第に薄れゆき、海底深く沈む現在の沈没船の姿に変わっていく映像があります（セリーヌ・ディオンの主題歌が流れる、有名なシーン）。この作成にあたっては、VFX の担当者が、映像のどこが注視されるのかを細かく調べ、注視されていない領域を順次変えていくことによって、滑らかな場面転換を成功させています。

（2）認　　　識

　これは、個別の対象には還元できない全体的な枠組みのことを指し、どのような枠組みを持つかによって、視覚体験が決定されることを意味します。時には、実際には存在しない対象であっても、そういうものだという「枠組み」を持てば、見えないもの も「見える」ことがあります。

①主観的輪郭線

　ないものを「見る」例として、主観的輪郭線を紹介します。実際には描かれていない線が見えるという現象です。図9-7を見てください。向かって左側の白い背景の図では、白い三角形が浮かび上がって見えませんか。しかし、三角形を形作る線分は描かれていません。描かれているのは、不等号のような閉じていない２つの線分が３つと、一部が欠けたホールケーキのような不完全な円形３つです。この図で三角形が見えるのは、視覚対象に欠けている情報（三角形を形成するのに足りない線分）を補って完成させようとする働きのためです。黒い背景の図も同様に、視覚対象には描かれていない線分を（自覚できませんが）補って見ているために、中央に黒い三角形が浮かび上がって見えます。では、図9-7の右側の図は何に見えますか。この図のタイトルは「雪の日のダルメシアン犬」です（Gregory, 1970）。いったんそのように見えてしまうと、もうそのようにしか見えなくなります。このように、細部の１つひとつを見るのではな

図9-7　主観的輪郭線の例

く、全体を大まかに捉える仕組み、これが認識です。

②文脈効果

　他にも、認識の影響を実感できる例があります。図9-8を見てください。この図では、上段と下段の中央の記号は同じ形です。しかし、上段３つを見てみると、中央の記号はBに見えます。一方、下段の中央は数字の13に見えます。これは、中央の記号の左右にあるアルファベットや数字によって、「これはアルファベットであろう」「数字であろう」という認識が働くためです。実際、左右のアルファベットや数字を隠して確かめてみると、中央の記号が全く同じであることがわかります。なのに、もう一度見てみると、前と同じくBや13にしか見えません。私たちの視覚は、視覚対象以外の要因（周囲の様子や、見る人が持つ知識や経験など）によって大きく影響されます。

　この**文脈効果**も、映画の撮影技術として古くから活用されてきました。映画のワンシーンに、走り去る蒸気機関車に追いつこうと、主人公がホームを全速力で駆けていく様子が映し出されていることがあります。しかし、撮影資金等の関係から、実際に汽車を動かすことができない場合もあったそうです。そういう時には、汽車ではなく、人の方を動かしました。ホームの床を、ランニングマシンのように可動式にして、列車の横を人間が後ろに猛スピードで下がっていくようにしたのです。する

図9-8　文脈効果

と、映像を見ている人には、人が後ろに戻っていくのではなく、汽車の方が動いているように見えます。この種明かしを知っていても、実際に映像を見ると汽車が動いているようにしか見えません。このように、私たちの経験という枠組みは、自分の力ではその影響を消し去ることができないくらい、強力なものといえるでしょう。

③仮現運動

認識の影響は、動いている対象にも働きます。全く同じ2つの図形を、短い時間をおいて交互に呈示すると、2つの図形が交互に見えるのではなく、まるで1つの図形が移動しているように見えます（図9-9）。この現象を**仮現運動**といいます（Wertheimer, 1912）。これも、同じ物体が空間上異なる場所で見えるのは、それが動いているからだという「枠組み」の影響で起こります。みなさんは、パラパラ漫画を見たことがありますか。紙を速いスピードでめくっていくと、絵が動いているように見えます。これも仮現運動の一種です。アニメーションも同様です。これまで実例として紹介してきた映画もそうです。映画は、1秒間あたり、24コマの静止画像を連続的に映写することによって、動きを再現します（しかし、仮現運動を応用して映画が作られたのではなく、仮現運動の発見よりも先に映画が実用化されています）。

以上、人間の視覚における＋αの働きとして、（1）注意、（2）認識をみてきました。これらをまとめると。人間の視覚は、カメラのように正確に外界を写し取るものではなく、対象を容易に捉えることができるような限定的な特徴に注意を向ける働きと、すでにある「枠組み」に合うように対象を大まかに捉える働きの、2つが関与していると考えられます（図9-10）。例えば、アルファベットのBを見るとして、私たちは、Bという対象をありのまま網膜に写し、その形や特徴を判別して「B」と見ているのではないということです。そうではなく、そもそもBという対象のうち、その特徴的な一部しか見て

非常に短い間隔（60ミリ秒）で1と2の円を交互に提示すると……

○→○→○→○→○→○→○

円が1から2へと移動するように見える

図9-9　仮現運動

おらず（選択的注意）、すでに頭の中にある「枠組み」によって欠損のある対象に必要な情報を付与しています（認識）。その結果、「B」という対象を見るということです。視覚は、いわば、「引いて足す」仕組みです。

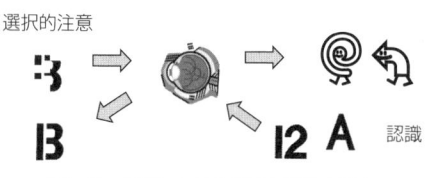

選択的注意

認識

図9-10　視覚における注意と認識の働き

3．画家が理解していたこと

このような視覚の「引いて足す」仕組みを理解していた画家がいました。それがセザンヌです（Lehrer, 2007）。

前節で述べたような視覚の仕組みがわかってきたのは、心理学では1900年の後半に入ってからです。2000年を過ぎたあたりから、神経科学の分野でも視覚の研究が進み、脳内における視覚情報の経路が明らかになってきました。私たちの脳では、4つのステップを経て視覚情報が処理されます。そのうちの最初のステップで、目を通じて得た視覚情報が再現されます。その映像は、対象の限定的な情報、つまり非常に「粗い」映像です。現在は、脳が一番最初に見る「映像」を再現することが可能になりました。これは、視覚像再構成法と呼ばれる技術で、YouTube で誰でも視聴することができます（http://www.youtube.com/watch?v=nsjDnYxJ0bo）。その映像を見ると、まるでセザンヌの絵のようです。

セザンヌは1900年前後に活躍した画家です。なぜ人間の視覚特性を知っていたのでしょうか。その理由はわかりません。しかし、彼の絵は、人間がその対象を判別できる最低限の限界に挑戦していることは明らかです。セザンヌの絵は輪郭線がないことで有名ですが、それは彼が描く必要がないことをわかっていたためでしょう。画家が描かなくても、見ている人が勝手にそれを補います。同様に、彼の絵は対象の特徴だけを描いていますが、それも、人間は細部まで注意深く見ておらず、大まかに見ることをわかっていたかのようです。最新の技術を駆使して得られた21世紀の神経科学の知見は、すでにセザンヌによって、

高度な芸術的表現として示されていました。科学と芸術は、時に相反するものとして位置付けられますが、脳に関する研究が進めば、むしろコインの裏表のように捉え直されるかもしれません。

　こうした視覚の仕組みは、視覚だけにとどまらない可能性があります。例えば私たちの注意の特徴、選択的であることは、モノの見方だけではなく、普段の考え方にも影響することが推測されます。目の前の現象のどこを切り取って見るかによって、それが良いことにも、悪いことにも解釈できます。どこを見るかで見えるものが変わってくるのですから、たとえ同じ現象を見ていたとしても、それを見ている人の数だけ解釈があるとしても不思議はありません。さらに、個人特有の経験が「枠組み」として作用しますから、私たちは自分で自分の「世界」を作り上げているともいえます。第1章で触れた、「いつもの道が違って見える」のも、自分の心のあり様という要因によって視覚体験が左右される1例といえるでしょう。私たちが見ている世界は、私たちが作り上げている世界かもしれません。

【より深く学びたい人のために】

安西祐一郎（2011）．心と脳——認知科学入門　岩波書店：認知科学は、心や脳の働きを情報処理システムとみなして、その働きを調べる学際的な領域です。哲学的背景、誕生までの流れ、研究の動向から、今後の展開まで、始まりから現在までがこの1冊に集約されています。

妹尾武治（2016）．脳は、なぜあなたをだますのか——知覚心理学入門　筑摩書房：著者の専門である運動知覚から始まり、注意や意思決定など、脳から見た人間行動が説明され、知的好奇心を刺激する内容です。知覚心理学と日常のつながりを理解することができます。

三浦佳世（2018）．視覚心理学が明かす 名画の秘密　岩波書店：フェルメールやレンブラントなどの西洋絵画、葛飾北斎や伊藤若冲などの日本画を、視覚の観点から味わうことができます。視るという行為が再構成の性質を持つことが、平易な言葉で説明されています。

【引 用 文 献】

Gregory, R. (1970). *The intelligent eye*. New York, NY : McGraw-Hill.

神田義浩・唐川千秋・山下京子・森田裕司・広兼孝信（2002）．心理学ナヴィゲータ　北大路

書房

北尾倫彦・中島　実・井上　毅・石王敦子 (1997).　グラフィック心理学　サイエンス社

Lehrer, J. (2007). *Proust as a neuroscientist.* Boston, MA : Houghton Mifflin Harcourt（J. レ
ーラー　鈴木　晶（訳）(2010). プルーストの記憶、セザンヌの眼——脳科学を先取りした芸術
家たち　白揚社）

Posner, M. I. (1980). Orienting of attention. *Quarterly Journal of Experimental Psychology,
32,* 3-25.

三浦利章　(1993).　日常場面での視覚的認知　箱田裕司（編）　認知科学のフロンティアⅢ
サイエンス社

Scholl, B. J., Pylyshyn, Z. W., & Feldman, J. (2001). What is a visual object? Evidence from
target-merging in multiple-object tracking. *Cognition, 80,* 159-177.

Wertheimer, M. (1912). Experimentelle studien über das sehen von Bewegung. Zeitschrift
für Psychologie, *61,* 161-265.

食 と 心 10
心理学領域のクロスロード

　食べることは、私たちの日常に密接に結び付いています。そして、食べることの多くの場面で、心とのつながりがあります。例えば、買い物に行き食材を選ぶ時。食べ物の味を楽しむ時。食べ物の誘惑に打ち克とうとする時もありますね。こうした場面における心の働きは様々な心理学の領域（認知心理学、社会心理学、臨床心理学、進化心理学）での研究と重ね合わせて理解することができます。第10章では、食を通じて心理学の広がりをみていきましょう。

■ 1. 食と認知心理学

（1）色 の 同 化

　スーパーなどで売られているミカンは、ネットに入れられていることがありますね。なぜネットに入れられているのでしょうか。その理由は、視覚の仕組みと関連があります。

　オレンジ色の四角形の中に、格子状に線を引いたとしましょう。格子の色が赤の場合と、緑の場合では、四角形の色が変わって見えます。赤い格子のある四角形は、緑の格子の四角形よりも赤みがあって鮮やかに見えます。これは**色相の同化**と呼ばれる現象で、地色が柄の影響を受けて、柄の色を帯びて見えることを指します。印刷だとモノクロになりますので、ここでは格子の色に黒と白を使った例を示します（図10-1）。黒の格子は、背景のグレーが濃く見え、白の格子では、グレーが薄く見えます。これも同化現象の一種です（明度の同化といいます）。

　ミカンのネットには、同化が応用されています。赤いネットに入っていると、ミカンの色はより赤く見えます。果物が赤いのは熟しているサイン、つまり「おいしそう」に見えるため、購買意欲をそそるのです。もしミカンが緑のネット

に入っていたら、緑っぽい黄色に見えて、まだ熟しておらずおいしそうには見えません。それゆえ、ミカンは赤いネットに入っています。反対に、オクラなどの野菜が緑のネットに入っているのも色相

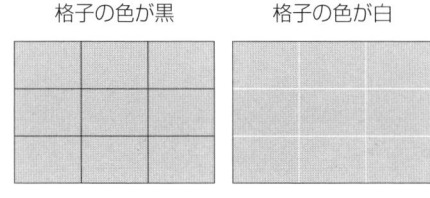

図10-1　食と「色」

の同化を利用して、鮮やかな緑で新鮮に見せるためです。このように、私たちの視覚は、複数の対象の組み合わせによって見え方が変わってくることがあります。

（2）記憶による調整

　さらに、物の見え方は、自分の心の内の要因によっても変わってきます。物に関する記憶は、その要因の1つです。例えば、バナナに関する記憶を取り上げてみましょう。バナナといえば、色は何でしょうか。黄色ですね。このように、ある物に特定的な色を**典型色**といい、私たちは多くの物について典型色の記憶を持っています。この記憶によって、私たちの見え方は変わってきます。バナナ画像の色をモノクロに修正するように求める実験では（Hansen, Olkkonen, Walter & Gegenfurtner, 2006）、実験参加者が「無色」だという修正画像は実際には無色ではなく、典型色よりも補色の青寄りに偏っていました（補色については第4章も参照）。これは、典型色の記憶がまるで黄色の色メガネをかけたかのように作用して、実際よりも青くしないと「無色」に見えないことを示しています。第9章に加え、ここでも再び、見ることは心理的現象であることがわかります。

　あらためて、視覚の仕組みを考えてみましょう（図10-2）。視覚の対象（トマト）がある時、私たちは視覚系によって光の刺激を網膜で受け止め、その色や形を知覚します。それが記憶の中にあるトマトの特徴と合致しているかどうかを照合して、「これはトマトだ」と認識します。これを**フィードバック過程**（過去から現在への処理過程）と呼ぶことにしましょう。第9章で触れた通り、視覚対象に関する特徴は、まるで写真のようにそっくりと脳に伝わるのではなく、特徴

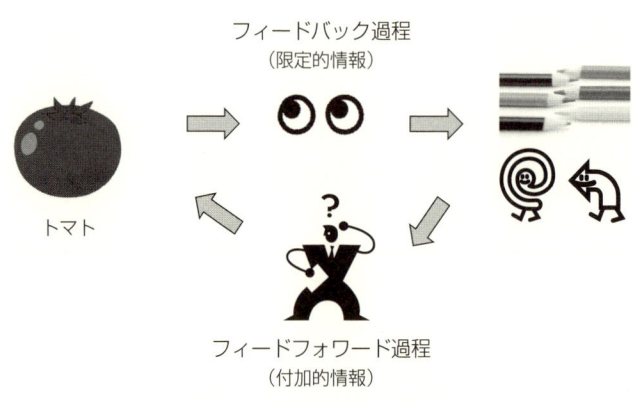

フィードバック過程
（限定的情報）

トマト

フィードフォワード過程
（付加的情報）

図10-2　脳における２つの過程

の一部だけが送られます。限られた情報しかなくても、対象をその対象として認識できるのは、私たちが持つ知識や経験が、対象の認識を補うためです。つまり、「トマトだからこういう色だろう」という予期を対象に当てはめます。これを**フィードフォワード過程**（未来から現在への処理過程）と呼ぶこととします。こうして、制限された情報に、脳内の情報を付加することによって、私たちはトマトをトマトと認識していると考えられます。言い換えれば、私たちの視覚体験は、過去と未来の両方の影響を受けた現在として成立しています。

　次に、このような２つの過程を、社会心理学や臨床心理学、進化心理学の中でみていきましょう。同時に、フィードフォワード過程が無意識に作用する仕組みも考えていきます。

２．食と社会心理学

（1）味覚の源泉

　今度は、味覚について取り上げましょう。食べ物の味は舌を通じて知覚されますが、舌だけで味が決まるとはいえません。例えば日本料理の世界では、盛り付けやにおい、噛んだ時の音、食感など、味覚以外の感覚も総動員して味わうことを重視します。私たちが知覚する「色」は、色相（色あい）、明度（明るさ）、

彩度（鮮やかさ）の３つの要因が合わさって決まります。同様に、「味」という体験もまた、様々な感覚が織り合わされた結果といえそうです。

「味」が味覚以外の要因にも影響されることを示したユニークな研究があります（Morrot, Brochet, & Dubourdieu, 2001）。この研究の対象者は、フランスにあるボルドー第２大学醸造学科の学生です。ボルドー地方は有数のワイン生産地であり、その醸造学科には世界中から学生が集まり、ワインを学問として学んでいます。彼らはいわばワインのエキスパートです。研究では、その彼らに赤ワインをいくつか飲んでもらい、その味を評価してもらいます。ですが、意地の悪いことに、その中には赤く着色した白ワインが混ざっています。学生たちがこの偽の赤ワインについてどのような評価を与えるかが実験のポイントです。その結果ですが、学生たちは、偽の赤ワインについて、赤ワインの味を表現するのに使われる言葉をよく用い、白ワインの味に関する言葉を避けました。つまり、学生たちは液体の色に合わせた味覚体験をした、ということです。

味覚において、味覚以外の感覚、特に視覚の影響が強いことを**視覚の優位性**といいます（図10-3）。味は、舌を通じた食の刺激が脳に入力され、それが何かを脳が判別した結果だと思われています。しかし、視覚の優位性が存在することから、味の決定においてどのような食材の刺激を〈認識〉したかとともに、その食材がどのような味を有するかという〈予期〉も大きく影響することがわかります。これをもって、「人間の味覚なんていい加減だな」と自嘲することもできますが、そうではなく、人間は、五感をフル動員させた高度な味覚体験

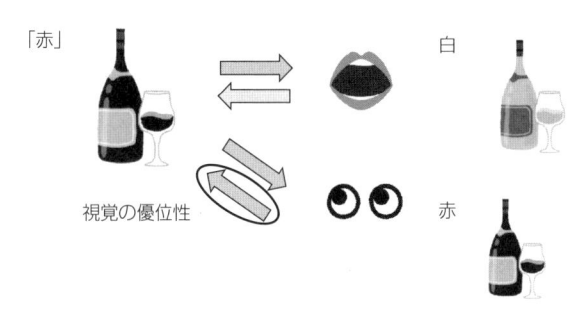

図10-3　異なるモダリティ（視覚）の影響

をすることができる、と考えたいですね（和田, 2012）。

（2）おいしさの判断

　食材を買いにスーパーに行くと、様々な商品が目に入ります。同じ食材でもメーカーが違うものがいくつもあり、どれを買えばよいか迷ってしまいます。その時に判断の手がかりにするのがパッケージです。商品が魅力的に見えるように、メーカーはパッケージに様々な工夫を凝らしています。食肉缶詰の例で考えてみましょう。食肉缶詰には、食材を新鮮で、おいしそうに見せる工夫がされています（Gradwell, 2005）。例えば、商品の隅に小さく表示された会社名のロゴ。そこに使われている小さな三つ葉です（図10-4）。この図柄によって、商品の肉はより新鮮に感じられ、購入意欲がかき立てられます。

　見ているかどうかも定かではない図柄に影響されているのが納得できない、という方もいるかもしれませんね。しかし、第9章で紹介した「注意」を思い出してください。視覚対象は、必ずしも視覚運動を伴わず、見ていることを意識しない対象も見ているのでしたね（第9章の1（1）注意を参照）。私たちは自分が意識していない視覚対象の影響を、知らず知らずに受けていてもおかしくはありません。

　同じパッケージの例で、アイスクリームが入っているカップの形をあげてみましょう（Gradwell, 2005）。店頭にならんでいる様子を思い浮かべてください。どのような形が一番多いでしょうか。そう、円形です。カップの形が丸いのは、それがアイスクリームを一番おいしく感じさせる形だからです。様々な形のカップにアイスクリームを入れて試食してもらうと、円形がおいしいと回答する人が最も多くなります。本質的には、アイスクリームの味とカップの形には、一切関係がありません。しかし、私たちの味覚は、食材に関するあらゆる手がかりを活かして（そ

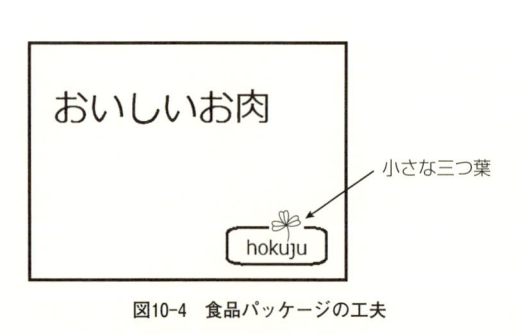

図10-4　食品パッケージの工夫

れが時に自覚のないものであっても）、「味」を知ろうとするプロセスを含んでいる
といえます。

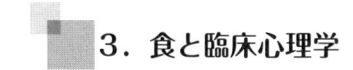

3. 食と臨床心理学

　食に関する3番目のテーマとして、心の健康を取り上げます。生活習慣病な
どを考えても、食べ物と体の健康が密接に関連することはわかりますね。同様
に、食べ物と心の健康がつながっていることが近年の研究で明らかにされてい
ます（岡田・萩谷・石原・谷口・中島, 2008; Sánchez-Villegas et al., 2011）。これらの研
究では、日常的に摂取する脂肪酸とうつ病との関わりについて注目しています。
　脂肪酸には、大きく分けて飽和脂肪酸と不飽和脂肪酸があります。どちらも
私たちの体に必要な栄養分ですが、飽和脂肪酸は食べ過ぎないようにと厚生労
働省が勧めています（理想としては、飽和脂肪酸が30％、それ以外の不飽和脂肪酸が70％）。
飽和脂肪酸は常温で固体のものであり、バターや肉の脂などに多く含まれます。
常温で固体になるということは、血液中で脂が固まりやすくなる、つまり血液
がドロドロになりやすく心臓に負担をかけやすくなります。一方で、不飽和脂
肪酸は、健康にとって望ましい脂肪酸です。不飽和脂肪酸は常温で液体のもの
であり、オリーブオイルや魚油などに多く含まれます。サンマをグリルで焼く
と、受け皿にたくさんの脂が出てきますね。あれが不飽和脂肪酸です。グリル
が冷えても、お肉を焼いた後のように固まりません。このように、常温で液体
という性質から、血液をサラサラにする効果があります。
　最近は、飽和脂肪酸以上に、トランス脂肪酸の悪影響が指摘されるようにな
りました。トランス脂肪酸は、味を良くするためマーガリンやファストスプレ
ッド、それらを使った菓子パンやスナック菓子、ファストフードに多く含まれ
ています（食品の成分表示に書かれているショートニングは、トランス脂肪酸を多く含ん
でいます）。しかし、トランス脂肪酸は血液や心臓、悪玉コレステロールの増加・
善玉コレステロールの減少を引き起こしやすいことがわかり、国際的にその使
用が議論されています。
　このように、脂肪酸にも体に良いものと悪いものがあることがわかりました

が、心の健康に対してはどうでしょうか。おそらく体と同様の影響があるだろうと推測されてはいましたが、この関係が大規模な調査によって明らかにされました（Sánchez-Villegas et al., 2011）。対象者は地中海近くの大学に通う学生約12,000人です。彼らを卒業後約6年間追跡調査したところ、うつ病を発症した657名では、脂肪の食べ方とうつ病の関係に、2種類あることがわかりました。1つは、トランス脂肪酸を多く摂取する人ほど、うつ病のリスクが高まるという関係、もう1つは不飽和脂肪酸を多く摂取する人ほどうつ病のリスクが低くなるという関係でした。不飽和脂肪酸の中でも特に、オメガ3（青魚に多く含まれる成分）の摂取量がうつ病のリスク低下と関係するようです（岡田ら, 2008）。

　栄養学的な専門用語が多いので、わかりづらいかもしれませんね。上記の内容から日常的にどう食事に気をつければよいかを具体的にアドバイスをするなら、和食を食べることを勧めます。和食には、トランス脂肪酸を使うような料理は少なく、青魚を使った料理がたくさんあります。朝食で考えても、洋食ならパン、バター、ベーコン等々、多くの飽和脂肪酸が含まれます。しかし和食なら、ごはんやみそ汁等、脂肪酸が含まれる割合は少なくてすみます。これにアジの干物を加えれば、心身の健康に大変望ましい食事になります。2013年に和食がユネスコ無形文化遺産に登録されましたが、文化的な価値に加え、精神的健康の観点からも和食は世界に誇る食文化といえます。

4．食と進化心理学

　そうはいっても、お昼時の売店で大学生のみなさんが買っているものを見ると、和食は難しいのだろうという気になります。お昼ごはんを買うのにレジに並んでいると、目の前の学生が買うのは菓子パン1個、ということはよくあることです。脂っこいファストフードや、カロリーの高そうなケーキやスナック菓子なども、若い人には人気があります。体に悪いとわかっていても、こうした糖分やカロリーの高い食べ物はやめにくいものです。

　私たちがこのような「体に悪い食べ物」を好むのは、どうしてでしょうか。人間の行動がどうして生じるのか、進化の観点から説明する領域を**進化心理学**

といいますが、進化心理学的にみて、答えは、「おいしいものを求めるのは本能」だからです。

　はるか昔、まだ人類が樹上生活をしていた頃を想像してみましょう。その頃は、生きるのに必要な食べ物を確保するのが困難だったはずです。そんな時、木の実や果実など、カロリーの高い食べ物を見つけたら、すぐさま食べた方が生存の可能性が高まります。こうして、糖分や脂肪分をたくさん含んだ食べ物をすぐ食べたくなるような本能が培われていったと考えられています。翻って現代では、食べ物は豊富にあり、飢えることはありません。しかし太古の名残で、高カロリーの食べ物が体に（そして心に）悪いとわかっていても、ついつい手が伸びてしまいます。そういう理由で、現在も「甘いものは別腹」です。

　とはいえ、本能だから仕方ないね、では済まされません。食べたいものを好きなだけ食べる、カロリー制限のない食事は老化を早めることもわかっています（Colman et al., 2009）。どうしたら、本能からの誘惑に打ち克つことができるでしょうか。

　そのヒントを、**マインドフル心理療法**に求めてみましょう（Albers, 2003）。マインドフルとは、自分の考えや行動、感情の全てに注意を払い、よく理解することをいいます。普段の食事のことを思い出してみましょう。その多くはマインドレスではないでしょうか。例えば、満腹なのにスナック菓子を食べ続ける、空腹なのにカロリー摂取を制限する。これらは、今体で生じている状態を無視しているマインドレスの状態です。食事においてマインドフルになるとは、今ここで起きている体のあり様を受け入れることに他なりません。そうなると、本能からの衝動に左右される頻度も少なくなります。

　食においてマインドフルの状態を体験する方法に、レーズンエクササイズがあります。このエクササイズに必要なのは、レーズン１粒のみです。このレーズンが、人生で最後に口にする食べ物だと思いましょう。普段なら、何も考えずにポイと口に放り込むでしょうが、人生最後となると意識が変わります。どんな触覚か手触りを確かめ、その色艶を観察し、鼻孔をくすぐる香りを確かめ、ゆっくりと少しずつ、その味を確かめる。こうした一連の感覚がマインドフルの感覚です。毎食をマインドフルに味わうことは難しくても、せめて体に悪い

ものを食べる時だけでも、マインドフルを意識してみましょう。ポテトチップス1枚にしても、ゆっくり、味わってみると、やみくもにパクパク食べる時よりも、少ない量で満腹感を得ることができます。

■ 5．食に関わる心理過程

　以上、食にまつわる心理学を紹介してきました。知覚的側面から精神的健康まで、心理学の広がりを理解していただけたかと思います。最後に、これまで述べてきた知見をまとめましょう（図10-5）。

　私たちは、視覚や味覚に関する刺激がフィードバックされ、バナナは黄色であり、赤ワインは赤ワインの味がして、食肉は新鮮に見えると知覚しています（意識的過程）。しかし、私たちが知覚するそのバナナのモノクロの色は、実際には、記憶にあるバナナの黄色の分だけ補色の青の色味が強まっていたり、本当は白ワインであったり、食肉とは無関連なクローバーの新鮮さであったりと、知らず知らずのうちに記憶や視覚のフィードフォワード方向の影響を受けています。意識を伴わないという意味で、これを無意識的過程と呼びます（精神分析［第3章コラム4］の用語とは意味が異なります）。

　無意識的過程には、脂肪分や糖分など、進化上、生存に有利とされた刺激を求める本能的が含まれており、その求めるままにふるまうと、現代では心身に

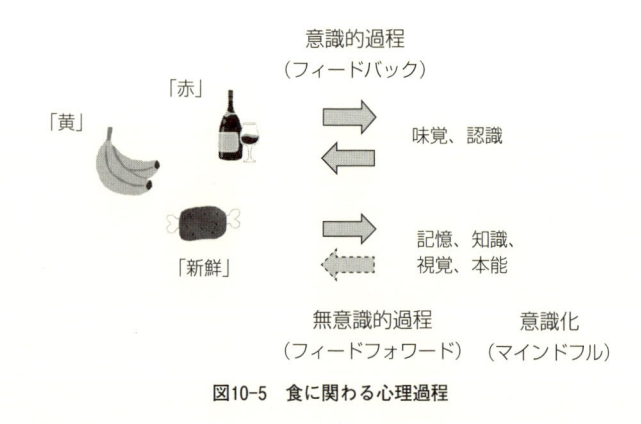

図10-5　食に関わる心理過程

望ましくない結果をもたらすことがあります。その時は、衝動的な欲求から身を守るために、何かを欲している自分をありありと感じるマインドフルな状態を意識することが有効です。いわば、「無意識の意識化」によって、自分の外にある食の刺激に翻弄されずに、食との関わりを豊かにすることができるといえます。

　このように、視覚、味覚、記憶、判断、進化、健康など、多角的な視点から捉えてみると、食という大変身近な対象も、いつもと違う姿に見えてきます。そこには、目の前の対象から私たちに与えられるフィードバックと、私たちが目の前の対象に与えるフィードフォワードの、双方向的な過程が垣間見えます。このように、心理学的な視点を持つことで、毎日の生活も知的刺激に満ちたものに変わるかもしれません。また、そのように心理学を活かしてもらうことを期待しています。

【より深く学びたい人のために】

今田純雄（編）(2005). 食べることの心理学——食べる、食べない、好き、嫌い　有斐閣：食に関する心理学として、生理学から学習、発達、臨床、食と家族のあり方についてまで、領域横断的に取り上げています。食が、個人内の事象であるとともに、社会とも密接につながる文化的事象であることがわかります。

イーグルマン, D. (2016). あなたの知らない脳——意識は傍観者である　早川書房：脳神経外科医が一般向けに書いた本です。実験例や事例を通じて、私たちの「意識」のイメージが、統制する側ではなく、される側へと一変する1冊です。食における脳、特に無意識的過程の働きにも言及されています。

清水　博 (1990). 生命を捉えなおす——生きている状態とは何か　増補版　中央公論社：本書は生物学に関する内容ですが、生体を維持する仕組みとしてフィードバック・フィードフォワードの両過程が提示されています。生物学の延長上としての心理学を想像させる刺激に満ちた内容です。

【引 用 文 献】

Albers, S. (2003). *Eating mindfully how to end mindless eating & enjoy a balanced relationship with hood*. New Harbinger Publications : Oakland, Canada. (アルバース, S. 上原　徹・佐藤美奈子（訳）(2005). 食も心もマインドフルに——食べ物との素敵な関係を楽しむために

星和書店)

Colman, R. J., Anderson, R. M., Johnson, S. C., Kastman, E. K., Kosmatka, K. J., …Weindruch, R. (2009). Caloric restriction delays disease onset and mortality in rhesus monkeys. *Science, 325*, 201-204.

Gradwell, M. (2005). *Blink: The Power of Thinking Without Thinking*. Boston, MA: Little, Brown and Company. (グラッドウェル, M. 沢田 博・阿部尚美 (訳) (2006). 第1感「最初の2秒」の「なんとなく」が正しい 光文社)

Hansen, T., Olkkonen, M., Walter, S., & Gegenfurtner, K. R. (2006). Memory modulates color appearance. *Nature Neuroscience, 9*, 1367-1368.

Morrot, G., Brochet, F., & Dubourdieu, D. (2001). The Color of Odors. *Brain and Language, 79*, 309-320.

岡田 斉・萩谷久美子・石原俊一・谷口 清・中島 滋 (2008). Omega-3多価不飽和脂肪酸の摂取とうつを中心とした精神的健康との関連性について探索的検討：最近の研究動向のレビューを中心に 人間科学研究, *30*, 87-96.

Sánchez-Villegas, A., Verberne, L., De Irala, J., Ruíz-Canela, M., Toledo E, Serra-Majem, L., & Martínez-González, M. A. (2011). Dietary Fat Intake and the Risk of Depression: The SUN Project. PLoS ONE, *6*, e16268.

和田有史 (2012). ひろがる食の感性——味わいから情報理解まで 心理学ワールド, *56*, 9-12.

【コラム11　色相の同化は、なぜ起きる？】　私たちの視覚は、角膜を通じて外界からの光を取り入れる仕組みになっています（詳しくは第9章参照）。その光は、網膜にある細胞を刺激するのですが、網膜上にある細胞には、明暗の刺激を受ける桿体細胞と、3原色（赤、青、緑）の刺激をそれぞれ受ける錐体細胞の2種類があります。網膜には、桿体細胞と錐体細胞がびっしりと敷き詰められています。色の知覚は、それぞれの錐体細胞がどのくらい刺激を受けたか、その活性度の組み合わせで決まります。

　色相の同化には、錐体細胞が関与しています。錐体細胞は、3つがそろって初めて色を認識できます。そして、錐体細胞は明暗の違いを見分けにくく、ものの形を検出するのは得意ではありません。したがって、隣り合う2種類の色が存在する時、特に一方の面積が他方に比べて小さい時（例. 格子の色と背景の色）、面積が小さい方の色に反応する細胞が、当初の領域を「はみ出して」反応してしまいます。そのため、格子の色が背景ににじんで見えると考えられています。しかし、背景を超えて格子の色が際限なくにじんで見えないのは、そこには明るさの変化があり、明るさが変化するところは色も変化するだろうと、脳が判断していると考えられています。

　本書ではカラー表示ができませんが、ウェブサイトではカラフルな錯視の例を多く体験することができます（例えば、NTT コミュニケーション科学研究所の HP、http://www.kecl.ntt.co.jp/IllusionForum/v/colorAssimilation/ja/）。錯視は、対象の物理的特徴とは異なる視覚現象のことをいいますが、実際に錯視の例を見ると、わかっていてもそうとしか見えません。ぜひ不思議な視覚現象を味わってください。

【コラム12　味の好き嫌いの学習】　みなさんの中に、不運にも、食べ物にあたった
ことがある人はいるでしょうか。海産物である牡蠣(かき)は、生で食べると稀に食中毒を起こ
すことがあります。一度体験すると、二度と牡蠣は食べられないという人が多いですが、
なぜでしょうか。

　このように、特定の体験から食物に不快感情を抱くことを、味覚嫌悪学習といいます
(Garcia & Koelling, 1966)。学習とは、経験を通じて新たな行動を獲得する、またはそ
れを維持することです（詳しくは、第12・13章参照）。味覚嫌悪学習の成立は、レスポン
デント条件付けで説明されます。レスポンデント条件付けは、「パブロフの犬」で広く
知られている学習メカニズムです。ソビエト連邦（現ロシア）の生理学者パブロフは、
犬にエサを与えて唾液の分泌活動を研究している際、犬が観察の際に使うメトロノーム
の音で唾液を流すようになるのに気づきました。本来はメトロノームの音と唾液分泌は
無関係ですが、エサを与える前にメトロノームを動かすことを繰り返しているうちに、
犬はメトロノームをエサと同様の合図（刺激）とみなすようになったのです。

　牡蠣にあたるとそれ以降食べたくなくなるのも同様で、牡蠣と細菌やウィルスが同時
に呈示されることで、牡蠣と気持ち悪いという内臓感覚が結び付くためです。もちろん、
牡蠣自体は、本来不快な内臓感覚を生じさせるものではありません。気持ち悪くなった
のは、細菌やウィルスのせいであり、これらを繁殖させなければ、牡蠣を食べても気持
ち悪くはなりません。にもかかわらず、牡蠣への嫌悪感は容易には消し去れません。通
常、レスポンデント条件付けは、２つの刺激の対呈示の繰り返しと、刺激を受けてから
反応が生じるまでに時間差が小さくなければ成立しません。しかし、味覚嫌悪学習は、
たった一度の体験で成立し、しかも食べてから症状が出るまでに数時間という長い時間
が空いても成立するという点で、特殊なレスポンデント条件付けと考えられています。

【引 用 文 献】

Garcia, J., & Koelling, R. A. (1966). Relation of cue to consequence in avoidance
　learning. *Psychonomic Science, 4*, 123-124.

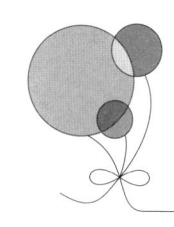

青年期の心

過去と未来から現在を考える

11

「自分は何に向いているのだろう」「将来、どんな仕事に就いているのだろう」そんなふうに悩むことはありませんか。大学進学や就職など、進路がはっきり決まるまでは、未来への不安に押しつぶされそうな時もあるでしょう。だからといって、未来から目をそらして、何も考えないようにしても、心はすっきりしないものです。第11章では、若者が青年期をどのように捉え、そして、先の見えない将来とどう向き合うかを考えていきましょう。

■ 1．過去と未来に向けるまなざし

自分の人生における過去や未来について、どのように認識し評価しているか。これを**時間的展望**といいます（Lewin, 1951）。では、みなさん自身は自分の過去について、どのような時間的展望を持っているか、次の質問によって、調べてみましょう。

Q1　まず、あなたのこれまでの人生を、図11-1に曲線で描き入れてください。例えば、「小さい頃はただ楽しくて、中学は先生にもクラスメートにも恵まれて結構充実してたなあ。でも、高校に入ってから成績が伸び悩んで苦しくて……」と思い出したなら、図11-2のように、山型の曲線を描きます。あなたの場合は、どのような形の線が描かれるでしょうか。

Q2-1　次に、「未来」と聞いて、まずイメージする自分の年齢は何歳ですか？その年齢を書いてください。

_____歳

あなたのこれまでの人生を、下の図に曲線で
描き入れてください。

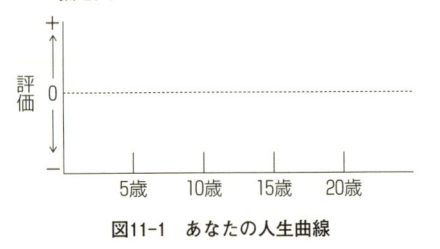

図11-1　あなたの人生曲線

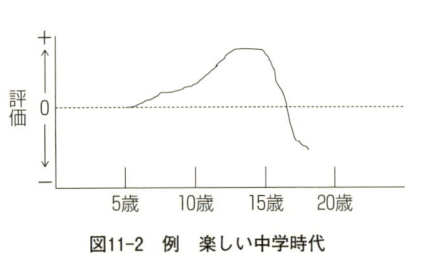

図11-2　例　楽しい中学時代

Q2-2　その「未来」のイメージは、遠いですか、それとも近いですか。とても
遠い場合を1、とても近い場合を7として、自分のイメージに当てはまる数
字に〇をつけてください。同様に、困難なものか、それとも容易なものかに
ついても、イメージに当てはまる数字に〇をつけてください。

遠い　1　2　3　4　5　6　7　近い

困難な　1　2　3　4　5　6　7　容易な

（1）過去に向けるまなざし

　質問1は、過去に関する時間的展望を調べるものです。特に、過去から現在
までの、私的体験に関する説明を表しています（Gergen, 1997）。青年を対象に
した調査では、例であげたような、中学・高校時代を幸福の頂点と位置付けて、
山型の曲線を描く人は少数でした。最も多いのは、「無邪気な子ども時代を経て、
苦悩に満ちた中学高校を乗り越え、穏やかな今」を表現するU字型の曲線で
す（図11-3左）。人それぞれ、異なる経験をしているはずなのに、大勢の人に共
通する形があるのはなぜなのでしょうか。

　私たちには、過去から現在までの出来事を単純に連続したものと認識するの
ではなく、そこに起承転結を見出す傾向があることが指摘されています（Gergen,
1997）。これは「ストーリー」と呼ばれています。家族や学校などで明確に教
えられたわけでもないのに、年代や境遇が似ている人たちは同じ「ストーリー」

を話します。例えば、青年の人生は、主人公の紹介から始まり（幼少期）、健やかに育つ場面が続き（学童期）、しかし中盤で事件が発生（思春期）、それでも努力で障害を乗り越えて、無事に問題解決（青年期）、という展開を伴うことがほとんどです。

　実際のドラマと同様に、ストーリーには幾つも種類がありますが、青年の人生に適用されるのは、困難克服のハッピーエンドのストーリーです。青年にはどのストーリーを適用するのがふさわしいかについても、誰かにはっきりと教えてもらうことはありません。にもかかわらず、青年は青年にふさわしいストーリーに基づいて、彼らの人生を語ります。またそうして話すことで、青年の人生はハッピーエンドで表現するものだという認識が広まっていきます。このように、私たちの社会にははっきりとは意識されない、しかし影響力のある暗黙のルールが存在し、他者との関わりの中でそのルールがさらに強固なものになると考える立場を、**社会構成主義**といいます（章末参照）。社会構成主義の研究から、私たちは、その自覚がないままに、自分の人生を特定の枠組みの中で理解していることがわかります。

（2）各年代にふさわしいルール

　青年には青年にふさわしいストーリーがあるならば、高齢者にもふさわしいストーリーがあると予想できます。実際、そのようなストーリーが存在することが示されています。61歳から93歳までの高齢者に、人生の様々な時期における幸福感について回答を求めたところ、平均的には、虹のような形になりました（Gergen, 1997）。図11-3右に示すように、高齢者では、おおむね、困難な青年期を乗り越えて、黄金の成人期を迎え、60歳前後で人生のピークに達した後、以降は下降をたどる線が描かれていました。これは、老化に伴う身体的な衰えが反映されていると考えられます。しかし、60歳を過ぎても健康でエネルギッシュに活躍している人はたくさんいます。虹の形が万人に当てはまるとはいえないにもかかわらず、高齢者自身も、他の年代の人も、年をとることについて否定的な評価をする、またはそのようなストーリーに合致するような出来事だけを抽出する傾向があります。つまり、私たちは、個々の経験の総体として人

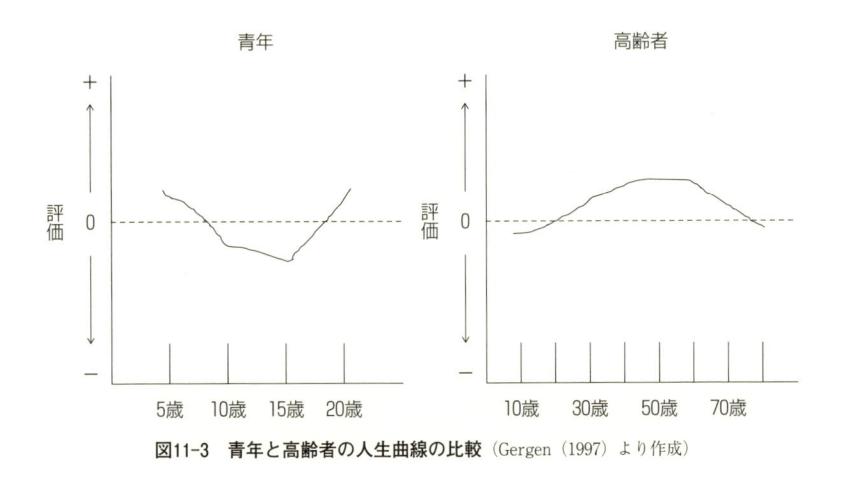

図11-3　青年と高齢者の人生曲線の比較　(Gergen（1997）より作成)

生を評価するのではなく、あらかじめ想定された評価の仕方（ストーリー）に沿うように、個々の経験を位置付けるといえるでしょう。今の自分にいつの間にか当てはめているストーリーがないか考えてみると、自分について新たな見方ができるようになるかもしれません。

（3）未来に向けるまなざし

　質問2は、未来に関する時間的展望の質問です。大学生を対象にした調査では（榎本，2000）、質問2-1の平均的な回答は26.7歳でした。質問2-2は、「遠い―近い」については3.62点、「困難な―容易な」については3.14点でした。これらの結果から、青年の未来に関する時間的展望は、ごく近未来を想定した狭い範囲で（質問2-1）、また、その未来は今の自分の延長上にあるものというよりは、離れたものであり、どこか大変そうなイメージ（質問2-2）を持っていることが示唆されます。大学生にとっては、就職して数年後の時期が未来にあたるといえそうです。今の自分から想像するのが難しい未来の自分の姿と、その頃自分は何をしているのだろうかという不安が、これらの数値に表れていると推測されます。

　一方で、青年期については、自分についての探求を深める時期であり、社会的・職業的な責任を課さなくてもよいという見方があります。青年期では、自

分はいったい何者であるのかという**アイデンティティ**への関心が高まります。しかし、アイデンティティは容易には形成することができず、暗中模索しながらも、自分はこういう人間だという確たる信念が得られない状態に一時的に陥ります。したがって、職業決定の選択を猶予される期間が必要です。エリクソン（Erikson, E. H.）は、これを**モラトリアム**と呼びました（Erikson, 1968）。これまで、モラトリアムの期間は、高校や大学を卒業する20歳前後までとみなされてきました。しかし最近では、人生上の重要な決断は20代のうちにすればよい、さらには30代まで先延ばしにしてもよいという社会的な風潮がみられます（Jay, 2012）。これは「モラトリアム延長ストーリー」として、青年やその周囲の人たちの認識に、知らず知らずのうちに影響を与えていると予想されます。

　先にみたように、青年の時間的展望は、「自分の将来のことは、狭い範囲でしか想像できない。そしてその未来は遠く感じられ、困難に満ちている」といえます。しかし、仕事や結婚のことは、もっと後に決めてもよいという「ストーリー」が社会的に認められているとしたら、どうでしょうか。「周りの人たちはまだまだ先のことだといっているし、今は特に何もしなくてもいいのではないか……」と、未来のことは、その時になったら考えようという態度につながりかねません。そして、周りの人たちも、こうした青年たちの態度や行動を強く批判することもないかもしれません。そうした状況は、青年の自主性を重んじているといえますが、しかし、それは当の青年たちにとって望ましいことなのでしょうか。

2. 青年期の重要性：30代はかつての20代と同じではありません

　重要な決断を先延ばしにしてもよいという「モラトリアム延長ストーリー」の背景にあるのは、平均寿命の延びだと考えられます（Jay, 2012）。かつてに比べ、私たちはより長く生きられるようになりました。ゴール地点が先に延びたのだから、自分は何をしたいか、どんな仕事に就くか、誰といつ結婚するかといった重要な決断も、ゆっくり考えてからでよいだろうと思うのも無理はありません。しかし、平均寿命の延びは、青年期の拡大によるものではありません。図

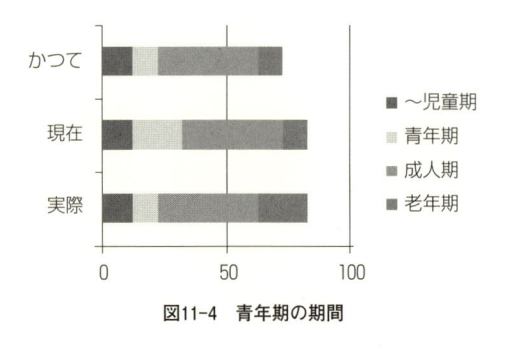

図11-4　青年期の期間

11-4に示すように、平均寿命が延びて拡大したのは老年期です。青年期の長さは以前と変わっていません。にもかかわらず、青年期に関する「ストーリー」、つまり「人生は長いから、若いうちに焦る必要はない」という暗黙のルールが、30代を20代の延長のように錯覚させているといえます。

青年期のモラトリアムは、本来、将来に関して何もしないのではなく、将来に向かって積極的に努力している状態をいいます。「今は何もわからないけど、その時になったら、なんとかなっているんじゃないか」という態度は、モラトリアムではありません。

そして、懸命に努力をしているとしても、いつまでもモラトリアムを続けているのも望ましくありません。青年期は人生航路の決断をすべき時期に該当します。例えば、20代については次のようなデータが得られています（Jay, 2012）、

①人生の重大な出来事の80％は30代半ばまでに起こる

②生涯賃金は、キャリアの最初10年でだいたい決まる

③半数以上は、30歳までに結婚相手に出会う

……

こうしたデータから、仕事や結婚に関する努力を30代でしたとしても、20代と同じような成果を得られるとは限らないことがわかります。

3．20代でしておくべきこと

とはいえ、いくら20代が大切だと言われても、先の見えない未来に対して何を努力すればよいのか途方にくれるのももっともです。そうした悩める青年に対して、臨床心理学者のジェイ（Jay, M.）は、著作『人生は20代で決まる』の中で青年がすべきことを提案しています。ジェイは、多くの青年とのカウンセ

リングを通じて、彼らに必要なことは何かに関する洞察を得ました。ここでは、そのうちの2つをみていきましょう。

（1）自己資産（アイデンティティ・キャピタル）を手に入れる

アイデンティティ・キャピタルとは、長い時間をかけて身に付いた、自分の価値を高める経験やスキルのことを指します。これは、履歴書に書けるような学歴や資格にとどまらず、話し方や外見、人懐っこい人柄など、はっきりと言葉で表現できない、内面的な事柄も含みます。

アイデンティティと聞くと、周囲とは独立した、一種の個性を想像する人もいるかもしれません。しかし、アイデンティティ概念を提案したエリクソンは、アイデンティティ形成における社会的要因を重視し、個人内の経験に加え、個人間の、他者との関わりの経験もまた、自己を形作っていくものだと述べています（鑪, 1990）。青年が獲得すべきアイデンティティは、社会とはかけ離れた自分探しの旅ではなく、自分が望む方向性と社会が重なる経験を通じて得られるといえます。

ジェイのカウンセリングを受けたヘレンのケースをみてみましょう。27歳の彼女は、大学の医学部を中退し、芸術コースに転部した後、フリーのカメラマンになりました。しかし安定した収入はなく、アルバイトをしながら生活しています。新しくアルバイトを始める際、最初彼女が考えていたのはコーヒーチェーンでの店員の仕事でした。「かっこいいし、気楽そうだから」というのがその理由です。ジェイは、カフェの店員になってどのような利点があるのかとヘレンに尋ねます。彼女の将来にとって、カフェの店員という経験は、彼女の希望する芸術分野での仕事には役に立ちそうにないのは明らかです。そこで、ヘレンは初めは気乗りしなかったアニメスタジオでの雑用係に応募します。ヘレンの履歴書は、就職の際に有利に働くものではありませんでしたが、しかし彼女は、人当たりが良く、機転が利き、楽しい会話で人を飽きさせない魅力の持ち主でした。そのアイデンティティ・キャピタルを活かして、アニメスタジオで働けることになり、半年後には監督のアシスタントとして重要な仕事を任されるようになりました。

ヘレンの話は、単に運が良かっただけのことでしょうか。彼女が幸運をつかむことができたのは、先がどうなるかわからない状態でも、自分の特性と希望を活かした前向きな決断をし、努力をしたからです。驚くべきことに、社会的に成功をした人にインタビューすると、そのほとんどが、それが将来の成功に結び付くとは全く考えていなかった予想外の出来事を経験しています。そして、その予想外の出来事は、自分の希望とは直接つながらないことにも懸命に努力したことによって生じています。このように、先行きが見えない中でも目の前の課題に全力を尽くすことが幸運を生み出すという考えは、**計画的偶発性理論**と呼ばれ（Krumboltz & Levin, 2002）、経営学やキャリア心理学において研究されています。一般的には、職業選択は論理的に行われるもの、つまり、最終目標を設定し、その達成のためにまずはこれをして、次にこれをして、……と考えるもの、と捉えられています。しかし、計画的偶発性理論は、そうした直線的な人生コースとは別のルートの存在を指摘しています。

（2）ゆるいつながりを大事にする

　若い時は、同世代の人と付き合うことが多いものです。世代が違う人とは、話題がかみ合わない、気を使うなど、喜んで付き合いたいとは思えないこともあります。また、気心の知れた仲間といる方が心地よいために、付き合いの深くない人と接点を持とうとしないかもしれません。しかし、それらの人たちは、自分にとって人生を変える貴重な情報を持っていることがあります。

　社会学者のグラノヴェター（Granovetter, M.）は、**弱い紐帯の強み**を提案しました（Granovetter, 1974）。これは、自分に必要な情報は、普段それほどつながりの強くない知り合いが持っていることを示すものです。グラノヴェターは、知的労働者を対象に、現在の職につながる情報を誰から得たのかを調べました。その結果、多くの人がそれほど親しくない人から仕事につながる情報を得ていたことがわかりました。仕事という重要な情報は、より親しい人を通じてやってくる印象がありますが、どうして単なる知り合いが鍵になるのでしょうか。これを図11-5のネットワークで説明しましょう。この図の左半分にあるように、私たちは、普段、家族や親しい友人など、心理的に深く結び付いている「強い

紐帯」と呼ばれる人的ネットワークの中で活動しています。これらの中にいるのは、お互いによく知っている者同士のために大変心地よいのですが、いざ、新しい情報が必要な段になると、ここだけに留まるのは賢い選択ではありませ

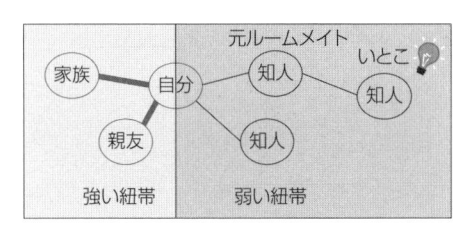

図11-5　弱い紐帯の強み

ん。お互いをよく知っているということは、共有する情報が多い、つまり、新しい情報はない、ということです。自分が欲しい情報は、普段のネットワークではない、新たなネットワークに隠れている可能性が高いのです。

　ジェイのカウンセリングを受けていたサラも、美術関係の仕事に就きたいという希望を持っていました。現実は、アルバイトをあれこれ変えながらその日暮らしです。一念発起したサラは、元ルームメイトに連絡し、美術館で働いているといういとこを紹介してもらいました。そのいとこを通じて美術館で働けることになり、さらには職場で生涯のパートナーにも巡り合いました。人にお願いごとをするのは、それが特に親しくない人に対してだと、気後れしがちです。しかし「聞くは一瞬の恥」、思いきってお願いしてみると、予想だにしていない展開が待ち受けているかもしれません。「聞かぬは一生の損」だと考えれば、勇気が出るのではないでしょうか。

　青年は、可能性に満ち溢れた時期として、上の世代には羨ましがられることもありますが、何にでもなれるというのは、何になれるかわからないという不安と隣り合わせともいえます。時には時代の風潮に流されて、先のことは未来の自分に任せて、今を楽しみたくなることもあります。将来の目標を決めて、そのための努力をしたとしても、努力が報われる保証もありません。しかし、将来どのような方向に向かうにしても、今目の前のことに全力で取り組むことは無駄にはなりません。勇気を出して周りに助けを求めることで、未来を切り開くこともできます。他の人からみたら、ほんの些細な行動であっても、後に振り返った時、あの一歩があったから今の自分がいる、と思える日がくるかもしれません。そして、その一歩を踏み出す日は、今日かもしれません。

3.　20代でしておくべきこと　　127

【より深く学びたい人のために】

ガーゲン, K. J., ガーゲン, M. 伊藤 守（監訳）(2018)．現実はいつも対話から生まれる——社会構成主義入門　ディスカヴァー・トゥエンティワン：社会構成主義とは、今目の前にある現実は、客観的な事実として存在しているのではなく、人々が「そうだ」と合意している、言葉により作り上げられたものと考える立場です。誰にとっても「正しい」現実がないからこそ、対話によって新たな価値観を生み出すプロセスが必要なことが、平易な例とともにわかりやすく説明されています。

ジェイ, M.　TED トーク「30歳は昔の20歳ではありません」：臨床心理学者である彼女は、多くの若者とのカウンセリングを行い、そこで得た知恵を TED にて発表、そのプレゼンが大きな反響を呼びました。その時の映像を下の URL にて視聴することができます。https://www.ted.com/talks/meg_jay_why_30_is_not_the_new_20?language=ja

白井利明（2014）．社会への出かた——就職・学び・自分さがし　新日本出版社：青年の「雇用」を中心に、働くことを通じて人生をどう切り開いていくべきかが、各種のデータに基づいて論じられています。アイデンティティ獲得とは別の角度から、青年の自分さがしについて考えることができます。

【引　用　文　献】

榎本博明（2000）．想起する年代と過去への態度および自己関連尺度との関係　日本性格心理学会発表論文集，*9*，72-73.

Erikson, E. H. (1968). *Identity and the life cycle* (Psychological issues Vol. 1, No.1, Monograph 1). New York, NY: International Universities Press.（エリクソン, E. H. 西平 直・中島 由恵（訳）(2011)．アイデンティティとライフサイクル　誠信書房）

Gergen, K. J. (1997). *Realities and Relationships: Soundings in Social Construction.* Cambridge, MA: Harvard University Press（ガーゲン, K. J. 永田素彦・深尾誠（訳）(2004)．社会構成主義の理論と実践——関係性が現実をつくる　ナカニシヤ出版）

Granovetter, M. (1974). *Getting A Job: A Study of Contacts and Careers.* Chicago, IL: University of Chicago Press.（グラノヴェター, M. 渡辺 深（訳）(1998)．転職——ネットワークとキャリアの研究　ミネルヴァ書房）

Jay, M. (2012). *The Defining Decade: Why Your Twenties Matter And How to Make the Most of Them Now.* New York, NY: Twelve（ジェイ, M. 小西敦子（訳）(2014)．人生は20代で決まる　早川書房）

Krumboltz, J. D., & Levin, A. S. (2004). *Luck is no accident: Making the Most of Happenstance in Your Life and Your Career.* Wembley, Australia: Impact Pub（クランボルツ, J. D. & レヴィン, A. S. 花田光世・大木紀子・宮地夕紀子（訳）(2005)．その幸運は偶然ではない

んです！　ダイヤモンド社）

Lewin, K. (1951). *Field theory in social science*. New York, NY : Harper & Brothers.（レヴィ
　　ン, K. 猪股佐登留（訳）(1979)．社会科学における場の理論（増補版）　誠信書房）

鑪　幹八郎 (1990)．アイデンティティの心理学　講談社

【コラム13　より良く生きる技（すべ）：ライフスキル】　青年期に限らず、人生を切り開いていくためには、様々なスキルが必要になります。世界保健機構（WHO）は、これからの社会では「日常の様々な問題や要求に対し、より建設的かつ効果的に対処するために必要な能力」が求められるとし、これをライフスキルとして学校教育に取り入れることを提案しました（WHO, 1994）。現在は、総合学習やキャリア教育などで、ライフスキルを高める試みがなされています（石隈，2016など）。

　ライフスキルは、これからの変動的な社会を生き抜く心理社会的道具として役に立つことが期待されます。ライフスキルは、細かくは10のスキルに分かれます。WHOは、各スキルを2つずつ5領域に分類していますが、ここでは、①自己理解を深め、他者との②相互作用を円滑にし、③認知機能を駆使するスキルの3領域として示します。若いうちにこれらのライフスキルを身に付けることで、今後の人生のアドバンテージとなるかもしれません。本書を含め、心理学の知見はライフスキルと関連深いものが多くあります。両者の関わりを考えるのもライフスキルを高める一助になるでしょう。

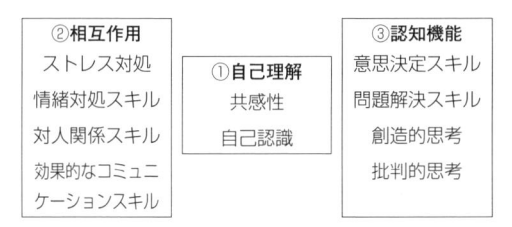

【引用文献】

石隈利紀（監修）(2016)．ライフスキルを高める心理教育―高校・サポート校・特別支援学校
　　での実践　金子書房

World Health Organization. Division of Mental Health. (1994). Life skills education
　　for children and adolescents in schools. Retrieved from http://apps.who.int/
　　iris/handle/10665/63552（WHO, 川畑徹朗・高石昌弘・西岡伸紀・石川哲也（訳）
　　(1997) ライフスキル教育プログラム　大修館書店）

【コラム14 「死」について考える】　若いみなさんにとって、「死」は遠い先の出来事かもしれません。だからこそ、今のこの時間がいつまでも続くように感じてしまうといえます。しかし、もし明日、あなたやあなたの親しい人がこの世を去ってしまうとしたら、時間についてこれまでと同じように感じるでしょうか。

　石井（2013）は、死を意識することによって時間に対する態度がどう変化するかを調べました。127名の大学生を３つのグループに分け、それぞれ、死について考える群、生きがいについて考える群、死とも生きがいとも無関係なものについて考える群に割り当てました。

　死について考える群では、バイクでの事故により、意識不明の重体となりながらも一命をとりとめた若者の体験談を読みます。そこで、人は簡単に死んでしまう存在であること、しかし日常では自分の死を直視していないこと、死の前ではどんな建前も吹き飛び、生きている自分の圧倒的な存在感に衝撃を受けることなどが述べられています。

　生きがいについて考える群では、脱サラして植木職人になった当人によるエッセーを読みます。当初は、義務として仕方なく仕事に取り組んでいたのが、他者との関わりやその中で感謝される体験を通じて、より技術を磨き、人に喜んでもらえる仕事がしたいと望むようになるまでの心の軌跡が述べられています。

　無関係なものについて考える群では、バイクでのツーリングの魅力について読みます。バイクは、機動力が高い一方で、天候や気候の影響が大きく、出発から帰路まですべてを通して爽快感を得られることは少ない乗り物であるが、１人でも複数でも楽しめる側面もあり、スポーツに近い感覚があることが述べられています。

　以上の文章を読む前後で、実験参加者は、過去・現在・未来に関する時間的態度の尺度項目に答えました（原本は、白井．1994）。その結果、死について考える群において、文章を読む前よりも、読んだ後で、時間的態度に変化がみられました。特に、未来と現在に関する態度が肯定的な方向に変わっていました。また、文章を読んだ後に回答した自由記述でも、死について考えた群においてのみ、現在の時間を重視する内容（「生きている時間を大切にしようと思う」「１日１日を大切に生きたい」）、現状を改善したい願望（「後悔しないように生きていかなければならない」「もっと頑張りたい」）を多く述べていました。

　これらの結果から、死について考えることは、人生が有限であることを意識させることで、現在を中心とした時間全体を肯定的に捉える効果があると考えられます。メメント・モリという言葉があります。これはラテン語で、死ぬことを忘れるな、という意味です。その解釈には複数ありますが、石井の研究からは、「生が有限であるからこそ今という時間を大切にできる」と受け取れるでしょう。

【引 用 文 献】

石井 僚 (2013). 青年期において死について考えることが時間的態度に及ぼす影響　教育心理学研究, *61*, 229-238.

白井利明 (1994). 時間的展望体験尺度の作成に関する研究　心理学研究, *65*, 54-60.

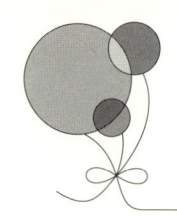

目標達成その1 条件付け 12
「環境」に工夫を加える

高校や大学では、試験やレポートなど、期日が決まっている課題が出されます。入念に準備してから臨もうとしても、あれやこれやと取り組むのが延びて、気がつけば期日はもう明日、どうしよう、と慌てた経験はありませんか。または、毎日運動をする、1か月ダイエットを頑張るなど、自ら決めた目標なのに、三日坊主どころか、1日しかもたないなどということもよくあることです。そんな時、私たちは自分のだらしなさを責めたり、意志の弱さに原因を求めがちですが、そうして成功を収めることができたでしょうか。第12章、第13章では、自分に行動をさせるための仕組みを理解し、その仕組みを効果的に活用する方法をみていきましょう。

1. うまくいかないのは何のせい？

（1）「環境」の見落とし

第1章で、私たちが行動するかどうかを決める要因には、「環境」と「心」の2つがあることを学びました。その関係は「環境＋心＝行動」と表すことができること、そのどちらも行動が生じる上では重要なことがわかりました。

では、「目標達成」という行動に関しては、この式はどう書くことができるでしょうか。第1章と同様に、「環境＋心＝目標達成」となりますね。では、目標達成において、「環境」はどれほど考慮されているでしょうか。どのような環境が目標達成を容易にする、または、阻害するのでしょうか。実際には「環境」に関するこうした問題は、ほとんど考えられていません。第9章では、私たちの視覚は「図と地」の両方に一度に注意を向けることができないと述べましたが、目標達成に関する理解についても同様に、環境という「地」は意識されにくく、心という「図」にばかり注意が向けられているといえます。このような「心」

の偏重は、環境と心の両方の要因を想定する心理学的な見方とは一致しません。

（2）「心」の理解不足

　対照的に、目標達成において、「心」は、「意志の力」や「モチベーション」などと言葉は変わりますが、目標達成の要因として（時には過剰に）重視される傾向にあります。では、ここでいう「心」とは、いったい何なのでしょうか。自分は意志が弱いからという時、ではその意志とはいったい何なのでしょうか。目標達成を邪魔する悪者として非難されるわりには、その正体は曖昧で、はっきりしていません。

　目標達成における心は、漠然としたものではなく、3種類の「力」から構成されることが指摘されています（McGonigal, 2012）。それらは、図12-1に示す「やる力」「やらない力」「望む力」です。最初の「やる力」は、環境と相まって、行動に向かうエネルギーを発揮する力です。次の「やらない力」は、誘惑に満ちた環境におかれた時にも、欲求に抗い、目標を見失わない力のことをいいます。最後の「望む力」は、「やる力」と「やらない力」の両方を駆使して、自分が本当に望む姿を目指す力のことです。

　これらの力には、環境の働きが密接に関わってきます。ここで再び、目標を達成するには、環境と心の働きのどちらも不可欠なことがわかります。これら2つの要因を最大限に活かすための方法を、以下でみていきましょう。

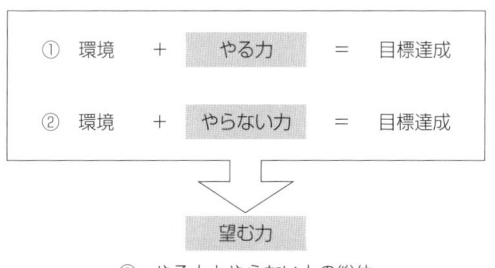

図12-1　目標達成における3つの「力」

■■ 2．環境のプラスの働きに目を向ける：「やる力」との協働

　環境との関わりは、私たちに経験を与えてくれます。その経験は、赤ちゃんの頃であれば、目の前で揺れるおもちゃを取ろうとして手を伸ばしたら届いた、

という類でしょう。より成長すれば、毎日練習をして楽器を弾けるようになる、スポーツ技術が上達するなど、経験の繰り返しが、こうすれば上手くいくという学びとなって返ってきます。心理学では、それまでできなかった行動を身に付け、維持することを、**学習**といいます。そして、上手くいきそうだと判断すれば、行動を起こそうとします。このように、特定の環境によって特定の行動が繰り返し生じるようになることを**条件付け**といいます。言いかえれば、環境の中にある「成功の種」を見つけられそうな時、行動が生じます。目標達成のためには、身近な環境の中に「成功の種」を蒔いておくのが重要です。

（1）上手に種をまくための基礎：強化理論

　この「成功の種の蒔き方」は、心理学ではオペラント条件付けまたは**強化理論**として知られています。少し長くなりますが、これを理解するのが大切ですので、詳しく説明していきます。

　強化理論は、スキナー（Skinner, B. F.）によって提案されたものであり、環境の変化による行動の再現率を上げる仕組みを、特に行動の後に生じる環境変化に焦点化して示したものです（Skinner, 1938）。一般的に、行動の原因となる要因は、行動に先立つ現象に存在すると考えられます。例えば、私たちは暑いから冷房をつけると思います。この場合、**先行事象**は暑さであり、これが冷房をつけるという行動（**標的行動**）を引き起こすようにみえます。しかし、スキナーは、行動の直後に起きる環境変化こそが行動の原因（**強化子**）になると考えました。スキナー流の観点からは、冷房をつけるのは（標的行動）、涼しくなるから（**後続事象**）です。同じように暑くても、ダイエットのためにもっと汗をかきたいと思っている人には、冷房をつけるという行動は起きません。このように、行動する人にとって、望ましい結果に至る行動は繰り返され、望ましくないものであれば行動が起きにくくなります。

　望ましい後続事象を意図的に起こすことによって、行動を繰り返し再現させる手続きが「強化」です。有名な「スキナー箱」の実験で、その手続きを説明しましょう。図12-2の実験箱に入れられたハトは、最初のうちは、うろうろしたり、壁をつついたりします。ある時、ハトは偶然、キーを見つけ、これをつ

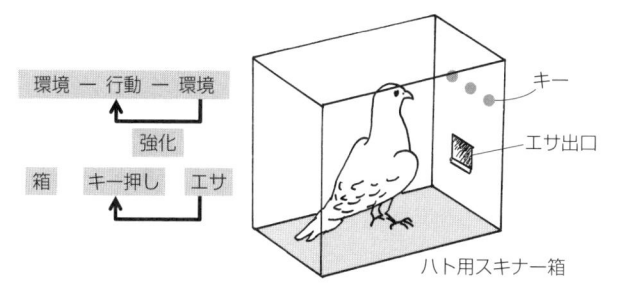

図12-2　スキナー箱による強化実験

つきます。すると、その下の出口からエサが転がり落ちます（後続事象）。そうなると、ハトは、それまでの徘徊や、壁をつつく行動をせず、以後何度もキーをつつくようになります。このように、実験者は、エサ（強化子）によって、キー押し（標的行動）を再現させることができます。特定の行動が後の環境変化を引き起こすことを**行動随伴性**といい、これこそが行動の形成に影響することをスキナーは精緻な実験とデータにより裏付けました。

　かつての心理学の授業やテキストでは、必ずといっていいほど、この強化理論が紹介されていました。強化理論を提唱したスキナーが、20世紀の心理学者の中で最も影響力があると評されていることからも、その重要性がうかがわれます（松田, 2017）。スキナーは、心理学会にとどまらず、アメリカでは一般にも広く知られている有名人でもあり、情報雑誌『TIME』の表紙を飾る名誉も得ています（Cohen, 2004）。

　犬を飼っている人であれば、お手を覚えさせるのにエサを使ったのではないでしょうか。それがまさしく強化手続きです。そんなわかりきったことを研究して、どうしてスキナーは有名になれたのか、不思議に感じられるかもしれません。しかしかつては、環境の要因を操作することで、行動を身に付けさせることが可能であるとは知られていませんでした。あたかも、リンゴが木から落ちるのは誰でも知っていますが、それが万有引力によるものだと指摘したのはニュートンより先にはいなかったのと同じです。さらに、心理学の理論の中で、研究対象となる行動の「後」を取り入れたものは、ほとんどありません。いわば時間の流れを組み込んでいるという点でも、強化理論は優れた理論といえます。

2．環境のプラスの働きに目を向ける

（2）「成功の種」を仕込む：環境と「やる力」の協働

　スキナーの理論は、今では、かつてほど頻繁にはテキストに登場しなくなりました。それには、スキナーが行動において人間の内面の要因、「心」を一切考慮していなかったことも関係しています。なぜなら、強化理論を用いれば、行動の説明に「心」は必ずしも必要ないからです。スキナーは、「心」によって行動を説明しようとする人に対しては、「心理主義者」として強く批判したというエピソードも残っています（Cohen, 2004）。しかし、自分の行動を決めるのが、自分の意志や欲求ではないという見方は、多くの人にとって違和感を抱かせるものでした。後に、内的要因が行動の説明に欠かせないことを示す研究が多数報告され（例えば、Tolman, 1948）、第８章や第９章で説明した「認知」が心理学研究の主流になりました。また、彼の実験が動物を対象にしていたことも、「人間の行動」の研究としては不利な点でした。

　しかし、それでもスキナーが動物実験から見出した知見には、私たちの日常的な行動を変えていくヒントが含まれています。強化手続きから見出された法則に、**スモールステップ**があります。これは、標的行動を獲得させるために、行動を細かく区切り、それらの行動がなされるごとに強化することをいいます。スキナー箱のハトにキー押しをさせようとする場合、ハトがキーの方向に顔を向けたらエサを与え、次にキーに向かって歩き出したらエサ、キーの前で止まったらエサ、というように、少しずつ獲得させたい行動に近づけます。この手続きによって、ハトは、エサをもらうための手がかり（壁や床ではなく、キー）を知り、手がかりと関連する行動を起こすようになります。

　私たちが目標を達成しようとする時も、スモールステップが役立ちます。その例を、強化理論（現在は、発展的な後継として、行動分析学と呼ばれています）の研究者の体験から紹介しましょう（島宗, 2012）。著者は、退職するまでに楽器を弾けるようになるという目標の下、ウクレレの練習を始めようとしました。ところが、図12-3の通り、全く練習することなく、数日が過ぎてしまいます。そこで、オンラインレッスンの契約をしました。練習しないと費用が無駄になる状況にすれば、練習ができるようになると予想しましたが、結果は変わりません。再び思案し、練習を邪魔しているものは何かと考えてみると、練習によっ

て仕事の時間を奪われることだと行き当たります。この場合、練習しない方が、仕事の時間を減らさないという望ましい結果が得られます。一方、練習するという行動にはなんら強化子がありません。そこでさらに方法を変え、ウクレレを仕事机のパソコンの横に置きました。ウクレレを練習するために、わざわざ別の場所に行かなければならないと時間の無駄になり

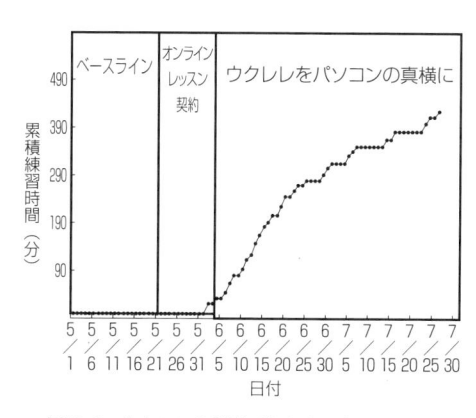

図12-3　ウクレレの練習（島宗（2012）から引用）

ますが、仕事の合間に数分間であれば、大した損失はありません（あるいは、そう思えるのが重要かもしれません）。また、ウクレレを手にするまでにいくつもの段階を経る必要もありません。その結果、総練習時間は右肩上がりに増えていきました。練習しないのは、意志の力の問題ではなく、強化の仕方の問題だったといえます。

　同じことを、自分の目標達成にも取り入れてみてはいかがでしょうか。例えば、締め切りに間に合うようにレポートを作成しようとする時です。レポートを書こうとしてもなかなか始められないものですが、そこにはレポートを書くという行動が「大きすぎる」という原因もあります。レポートを書くには、まず適切な場所に行き、資料を準備し、読み、書くなどの一連の行動が必要です。しかし、レポートを書こうと考える時、頭に浮かぶのは書くという最終的な行動であり、そこに至るまでの道のりは、取るに足らないものとして意識されません。さてここで、スキナー箱のハトを考えてみましょう。ハトは実験者が何もしない状態で、いきなりキー押しをするでしょうか。私たちはハトではありませんが、最終的な行動までの道のりでは、ところどころで強化を受けないとその行動までたどり着けないという点では、共通しています。強化のない環境では、新たな行動は起きません。

　レポートを書こうとするなら、まずは**細分化**です。そして、その小さな行動

2．環境のプラスの働きに目を向ける　　　137

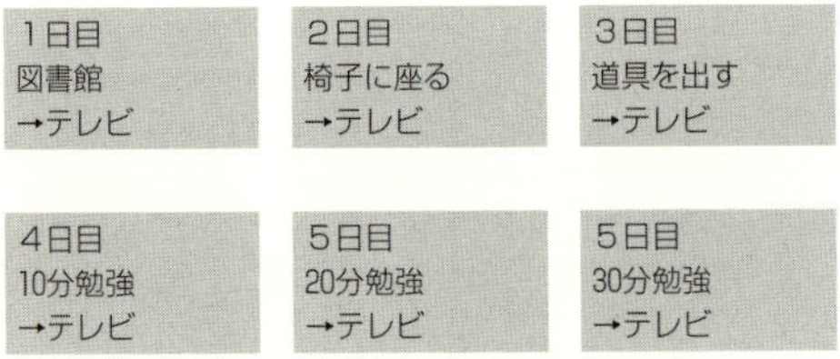

1日目 図書館 →テレビ	2日目 椅子に座る →テレビ	3日目 道具を出す →テレビ
4日目 10分勉強 →テレビ	5日目 20分勉強 →テレビ	5日目 30分勉強 →テレビ

図12-4　レポート作成行動の細分化

の１つひとつを強化し、最終的な行動につなげていきます。例えば、家だと勉強できないから、図書館でレポートを書こうと考えていたとします。いつもなら、図書館には行ってみたものの、どうにも「やる気」がでなくて（スキナーが聞いたら失笑されそうですが）、だらだらとスマホを見て、あっという間に時間が過ぎてしまうかもしれません。こういう時こそ、スモールステップです。その例を、図12-4に示します。この例では、テレビによって強化を試みていますが、これはスマホなど、他の事柄で構いません。本人にとって「望ましい」強化子であることが大切です。

　１日目の「図書館に行く」→「テレビ」は、図書館に行くだけでテレビが観られることを意味します。レポートを書いてもいないのにご褒美がもらえるのは気が引けるかもしれませんが、この第１歩がポイントです。図書館に行くことだけが目標なら、それほど気力を振り絞らなくても取り組むことが可能です。そして、図書館に行くだけで、テレビという甘い果実を得ることができます。真面目な人なら、それだけでいいなんて、と罪悪感を抱くかもしれません。しかし、同じ図書館に行くという行動も、先のだらだらした例では、何も得ることができません。むしろ、自己評価を下げるマイナスの体験になってしまいます。それは、目標がレポート作成という、いくつもの行動の先にある、すぐには強化されない行動だからです。何も得がないことを持続するには、それこそ意志の力が必要です。私たちは、自分には強い意志がないと思いながら、強靭な意志を要する課題を自ら課しているようです。ならばいっそ、意志なんてなくても、誰でもできるような目標を設定してみましょう。実際に行動すると、どんな簡単な目標でも、「達成感」が得られます。実はこれこそが、「成功の種」です。一度達成感を味わうと、今度も上手くできるだろうという予測と、再び達成感を得たいという欲求が生じます。そして、２日目以降の行動に臨むことができます。こうして、いわば、自分で自分の行動を強化する仕組みが出来上がります。

そのために、最初の目標は、あきれるくらい簡単な行動であるのが重要です。

　この時の行動は、まさに「環境＋心＝行動」の式によって説明できます。つまり、達成感という「心」は、簡単に達成可能な環境と相まって、行動を起こす機動力となる、ということです。一般に誤解されているのは、この「心」は行動に先立つと考えられていることです。だからこそ、行動が起きないのは自分の「心」の問題だとみなしがちです。この考えは、強化理論からみると、見落としがあります。行動の「後」を見ていないからです。「心」は、行動によって生み出されます。スキナーも、認知は行動の結果であると述べていますが、この言葉も行動を起こすことが内的変化を導く要因であることを示しているでしょう。

　2日目は、図書館の椅子に座るのが目標です。座ったら、すぐ帰宅して「テレビを観ることができます。3日目は、図書館の机の上に勉強道具を出す、成功したらテレビを観ます。4日目に入ると、ようやく本格的にレポート開始ですが、最初はごく短く10分で勉強を切り上げます。そして5日目、6日目と、少しずつ勉強時間を増やしていきます。最終的には、数時間レポート作成に費やすまで、漸次的にステップアップしていきます。理想はこの通りですが、1日目に図書館に行った時点で、このまま帰るのが惜しくなり、レポート作成まで進んでしまうことも、よくあることです。しかし、少なくても1日目は、当初の通り、簡単な行動に留めておきましょう。1日目に一生懸命頑張って数時間も勉強してしまうと、次の日以降は、それ以上に頑張らなくてはいけないのが重荷になり、行動を起こすハードルを上げてしまうことになります。三日坊主で終わるのは、最初に張り切り過ぎることも原因の1つです。

　1週間も過ぎれば、もはや強化子としてのテレビは不要になっているかもしれません。しなければならない課題として始めたレポートを続けていくうちに、勉強すること自体が楽しく感じられるようになりうるからです。この時、私たちを行動に駆り立てているのは、勉強すること自体の喜びです。面白いと思うから勉強するようになれば、鬼に金棒です。最初からレポートを楽しんで書くのは難しいことです。そこで、一度に多くを望まず、小さなことの積み重ねから大きな目標を達成する、スキナー流の方法に目を向けてみましょう。「心」を想定しないスキナーには、理論を発表した当時から様々な批判がなされまし

たが、彼の理論は、「心」を無視するものではなく、むしろ、「心」を丁重に扱う姿勢につながっているようにも受け取れます。

　さて、スモールステップを経て、実際にレポートを書く段階に至ったら、みなさんはまた新たな壁に直面するかもしれません。レポートを作成するのにパソコンを立ち上げ、ワープロソフトのアイコンをダブルクリックすると、目の前に現れるのは画面いっぱいの真っ白な紙のレイアウト。これから先の困難な道のりを想像すると、もうそれだけでパソコンから逃げ出したくなるのも無理はありません。そういう時も、スモールステップが役立ちます。つまり、真っ白な紙に最初から思いつく順で文章を書くのではなく、いくつかの区切りを作ります（図12-5）。ワードであれば、最初に立ち上げた用紙の設定で、1枚約1,000字です。レポートの指定字数が2,000字であれば、2枚になります。その2枚のスペースを、大きく5つに分け、最初にレポートの概要を、次からが論考その1、その2、その3、最後にまとめを割り当てます。そうすると、「心理学の学習についてのレポートだから、論考その1は学習とは何かの説明にあてて、その2で代表的な理論を紹介して、その3で学習理論への批判に触れ、最後に、それらのまとめと現在の展望を書こう。全部出来上がったら、最初の概要に取り掛かろう」といったように、文章の執筆が各ステップに分解されます。大きな作業は、小さな作業に分ける。すべきことがわからない時は、この原則に立ち返ってみましょう。

　プロの文筆家も、同様の手順をとっている方がいるようです。コントユニット「ラーメンズ」として活躍し、現在は幅広い活動を行っている小林賢太郎さんは、対談集の中で、執筆の依頼がくると、真っ白い紙にとにかく線を引いて、分割してから書き始めると話していました。プロが長い文章を書けるのは、鋼の精神力やずば抜けた才能を持っているからだと思いがちです。し

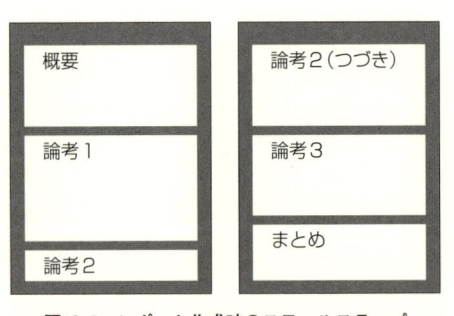

図12-5　レポート作成時のスモールステップ

かし、プロがプロである所以は、私たちと同じ、普通の意志力を持っていることを自覚して、普通の自分ができるための方法を工夫していることにあるのかもしれません。

【より深く学びたい人のために】

島宗 理 (2010). 人は、なぜ約束の時間に遅れるのか——素朴な疑問から考える「行動の原因」光文社

島宗 理 (2014). 使える行動分析学——じぶん実験のすすめ　筑摩書房：この2冊は、応用行動分析学の視点から、日常的な行動に関する疑問や、強化に基づいて行動を変える方法を紹介しています。思っている以上に、「心」を想定しなくても説明できる人間行動が多いことに驚きます。そして、スキナーの理論が、過去の遺物ではなく、現在も十分（すぎるくらい）に切れ味の良いことがわかります。

春木 豊 (2011). 動きが心をつくる——身体心理学への招待　講談社：行動を決めているのは、脳ではなく身体、特に動きであるという著者の主張が、実例を交えながらわかりやすく説明されています。スキナーとともに、環境（経験）による行動獲得を説明する理論である、古典的（レスポンデント）条件付けや道具的（オペラント）条件付けも、詳しく説明されており、学習心理学の入門書にもなっています。

【引 用 文 献】

Cohen, D. (2004). *Psychologists on Psychology*. London, England : Hodder & Stoughton. （コーエン, D. 子安増生（監訳）(2008). 心理学者、心理学を語る——時代を築いた13人の偉才との対話　新曜社）

Skinner, B. F. (1938). *The Behavior of Organisms: An Experimental Analysis*. Reprinted by the B. F. Skinner Foundation in 1991 and 1999 : Cambridge, MA.

松田壮一郎 (2017). 応用行動分析と人工知能の協働　心理学ワールド, *78*, 13-16.

McGonigal, K. (2012). *The Willpower instinct: How self-control works, why it matters, and what you can do to get more of it*. New York, NY: Avery. （マグゴニガル, K. 神崎朗子（訳）(2012). スタンフォードの自分を変える教室　大和書房）

島宗 理 (2012). タイムマネジメントの理論と実践——そしてライフマネジメントへ　心理学ワールド, *58*, 17-20.

Tolman, E. C. (1948). Cognitive maps in rats and men. *Psychological Review. 55*, 189-208.

【コラム15　強化理論の応用：臨床、教育場面へ】　スキナーが提案した強化理論は、簡潔であるがゆえに、様々な状況で応用することができます。例えば、臨床場面では、恐怖症の克服に強化理論が適用され、効果をあげています。高い場所や狭い場所への恐怖感に悩む場合は、最初にごく簡単な課題（自分が高い所にいる場面を想像する、など）から始めて、徐々に難易度を高めていく方法が効果的です。これは反応形成（シェーピング）と呼ばれる方法です。

　また、教育現場でも、反応形成が適用できる場面が多々あります。第14章では、発達障害について触れますが、こうした障害を持つ児童生徒への対応としても、「反応─強化子」の枠組みが有用であることが知られています。注意欠如・多動症の児童、ジョニーの事例をみてみましょう（Bentham, 2002）。小学生のジョニーは、授業中にじっと座ってはいられません。静かな授業中の教室で、ふざけて椅子から落ちてみたり、女の子のセーターにわざと虫を入れてみたり、トラブルが絶えません。そのたびに担任は叱りますが、ジョニーが落ち着く様子はみられません。この時のジョニーと担任の行動を、強化理論から考えてみましょう。

　教室が静かな時に、ジョニーが問題のある行動をとると、担任が叱るという図式は、「先行事象─行動─後続事象」として捉えることができます。叱るのは、一般的には望ましくありませんが、ジョニーにとっては、先生が自分に注目してくれるという「報酬」として働いている可能性があります。静かな教室で（先行事象）、自分が騒げば（行動）、先生が注目してくれる（後続事象）という誤った学習をしてしまったかもしれません。

　そこで、今とは別の、より望ましい方法で担任の注意を引く方法をジョニーに学ばせることが必要です。具体的には、どんなに短くても、ジョニーが大人しく椅子に座っていたらほめる、ということです。最初は数秒、次第にほめられるまでの時間を延ばしていき、机の上に教材を出す、鉛筆を持つ、板書をノートに写す、といった手順で、徐々に最終的な目標「授業中は静かに椅子に座って勉強する」ことを目指します。

　ジョニーのような児童は、やる気がない、だらしないと、その内面を責められる経験が多い傾向にあります。しかし、内面の問題は、どうすれば改善するのでしょうか。周囲が強く責めれば、改まるのでしょうか。最も変えたいと望んでいるのは、本人ではないでしょうか。行動の原因を人格に求めるのは、「じっとしていられない」「すぐふざける」という一連の行動を、「だらしない」という抽象的な用語で表現したにすぎません。同じ現象を違う言葉で表現しただけでは、ではどうすればよいかという改善策へのヒントは得られません。行動がどのような後続事象によって起こされているかという視点を提供する強化理論は、ジョニーのような児童・生徒にとって、改善に向けた具体的で、実現可能なヒントを提供します（Alberto & Troutman, 1999）。

【引用文献】

Alberto P. A., & Troutman, A. C. (1999). *Applied Behavior Analysis for Teachers : Fifth edition.* Upper Saddle River, NJ : Prentice-Hall. (アルバート, P. A., トルートマン, A. C. 佐久間徹・谷 晋二・大野祐史（2004）. はじめての応用行動分析 日本語版　二瓶社)

Bentham S. (2002). *Psychology and education.* New York, NY : Routledge（ベンサム, S. 秋田喜代美・中島由恵（訳）（2006）. 授業を支える心理学

【コラム16　犯罪は「環境」で防ぐ】　犯罪学では、犯罪者の内面（犯罪動機論）と犯罪が起きやすい環境（犯罪機会論）を想定します。防犯対策は世界中でとられていますが、日本では、特に前者が強調され、後者が見過ごされる傾向にあります（小宮，2015）。そのため、犯罪予防においても、怪しい人を例示することで、犯罪者への警戒をする方法がとられます。しかし、犯罪者が、いわゆる不審者（例えば、帽子を被り、サングラスをかけ、マスクをして顔がわからないようにしている人物）の姿で被害者に近づくことは稀です。明らかに怪しい風貌を犯罪者がとるはずがありません。そうなると、近づく誰もが「怪しい」と思えてしまいます。このように、「誰が」罪を犯すのかを示すのは、いたずらに不安を煽ることにつながりかねません。

　それよりも、犯罪機会論の立場から、「どこで」犯罪が起きやすいのかを調べ、またそれを周知する方が、一般の人々を不安にさせることなく、犯罪の予防が可能になると考えられます。例えば、ニューヨーク市では、割れたガラスやいたずら書きがあると犯罪が起きやすいという知見を活かし、徹底的に地下鉄を清掃することで、悪名高い地下鉄の犯罪率を大幅に低下させました。さらに、犯罪機会論をふまえると、犯罪が起きやすいような環境を作り出さないという根本的な予防も可能です。これは、都市計画の際にも参考にされています。

　本章で説明した通り、心理学でも、人間の行動を説明するのに、環境を重視するアプローチも主翼を担っています。犯罪学は、心と同じくらい環境が重要であることを前提としており、その意味では極めて「心理学」に近い学問領域といえます。

【引用文献】

小宮信夫（2015）. 子どもは「この場所」で襲われる　小学館

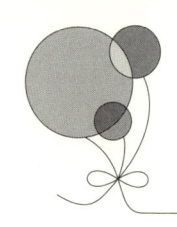

目標達成その2 動機付け 13
上手な「心」の頼り方

前章では、「心」に頼らない目標達成の方法について紹介しました。そして、行動を引き起こす「環境」を整える手順を説明しました。一方で、環境の中には「失敗の種」も潜んでいます。例えば、早起きしようと決意しても、寒い冬の日の朝に暖かい布団の誘惑に打ち克つのは難しいものです。それでも、布団から飛び起きるには、それを目指す心が必要です。第13章では、この「失敗の種」に抗う「心」を取り上げます。誘惑の多い環境に置かれた時、それに抗う力の源泉となる「やらない力」の働きについて理解を深めます。そして、より大きなものを「望む力」や目標設定の土台となる「心」について考えていきます。

1．目標に合った方法を見極める

ここで、あらためて目標について考えてみましょう。目標は、その達成のしかたをどう表現するかによって2種類に分けられます（前章の図12-1）。例えば、理想のスタイルになるという目標があるとします。これは、適度な運動をする、野菜を多く食べるのように「〜をする」と表現できますし、または、食べ過ぎない、スナック菓子を食べないのように「〜しない」形でも表現されます。前章で学習した、スモールステップを中心として環境をプラスの要因に変えていく方法は、特に「〜をする」タイプの目標達成に有効です。一方、「〜をしない」タイプの目標では、どのような方法が有効でしょうか。

行動を起こし、それを維持する過程を**動機付け**といいます。「〜しない」行動を動機付けるのに必要なのは自制心です。その働きを、脳の仕組みの中で考えてみましょう（McGonigal, 2012）。脳を大きく分けると、2つの部分、進化の流れの中で比較的古くから存在する大脳辺縁系と、より新しく発生した前頭前野に分けられます。大脳辺縁系は、爬虫類の脳とも呼ばれ、感情の基であり、

基本的な欲求を満たすことを第一とします。つまり、「やる力」の源泉はここにあります。ダイエット中なのに、テレビCMでポテトチップスを目にしたら食べずにいられなくなるのは、大脳辺縁系が活発に働いているためといえます。対照的に、前頭前野は、衝動的な欲求を抑える働きがあります。これが「やらない力」です。ちょうど額の裏側にある前頭前野は、高次な思考を担う部位です。みなさんが衝動的な行動を起こしかけた時、「でも、ダイエットをするって決めたのだから今は我慢しよう」と思いとどまらせる働きがあります。自制心とは、このような前頭前野の働きを指します。

2. 「失敗の種」に打ち克つ：「やらない力」の発揮

(1)「やらない力」は特別な人だけにあるのか

普段の経験をかえりみると、衝動に負けてしまったことがあるかもしれません。しかし、それは個人の脳の働きに問題があるのではありません。自制心がうまく働かないことは、誰にでもあることなのです。プロの一流選手であっても、常に自らを律し続けるのは容易ではありません（同様の内容は、元サッカー日本代表監督イビチャ・オシムの発言にもあります。木村, 2018）。これは、私たちには良い知らせであると同時に、そのくらい難しいことであるという意味では、良くない知らせでもあります。しかし幸いなことに、その苦労を減らすヒントが心理学の研究から示されています。そこから、自制心を発揮するための方法を探っていきましょう。

(2)「やらない力」の性質

大学生を対象に自制心の強さを調べたユニークな研究があります（Baumeister et al., 1998）。この研究では、学生は、実験前の最低3時間は何も食べないよう指示され、空腹状態で実験に参加しました。実験室は、焼きたてのクッキーの香りが漂うように準備され、学生の目の前のテーブルの上には、チョコチップクッキーとラディッシュが置いてあります。学生の半数は、クッキーを食べてよいと言われましたが、気の毒なことに、残りの半数はラディッシュのみを食

べるように指示されました。その後、難しいパズルを解く課題が与えられると、クッキーを食べた学生は、平均19分パズルを解き続けました。対照的に、ラディッシュしか許されなかった学生は、約8分でパズルを解くのをあきらめてしまいました。

　この結果から、自制心はいわば「筋肉」のようなものだと結論付けられます。ラディッシュ群の学生たちは、空腹なのにクッキーを食べることを我慢しなければなりません。彼らは食欲に抗うために持ち前の自制心を使い果たしてしまいました。難解なパズルを解き続けるための自制心は、もう残されていなかったのです。このように自制心には限界があり、持続的にその効果を発揮するのは難しいことがわかります。自制心は「疲れる」のです。したがって、レポートを締め切りまでに仕上げようとしながら、新たに運動の習慣を始めようとするのは、得策とはいえません。目標が複数個あるなら、欲張って同時に取り組むことはせず、時期を変えて1つ1つ取り組むのが効果的です。

（3）「やらない力」の回復

　自制心が求められる人の中には、依存症患者が含まれます。例えば、アルコール依存症の人は、一度アルコールを断つことができても、再度依存してしまう確率が高いことが知られています。にもかかわらず、アルコール依存から脱却できる人がいます。彼らには、どのような秘密があるのでしょうか。

　これには、私たちに備わっている「闘争・逃走反応」と「休止・計画反応」の関与が考えられています（McGonigal, 2012）。「闘争・逃走反応」は、危機的な状況で迅速な対応を可能にするシステムです（Cannon, 1927）。仮に、目の前に突然、大きな虎が現れたとしましょう。その時、交感神経が活発化し、体の中では心拍数や血圧が急上昇し、呼吸も速まります。これにより、体内に蓄えられたエネルギーを緊急出動させ、即座に反応する（戦うか、逃げるか）ことを可能にします。反対に、「休止・計画反応」は衝動を抑制するためのシステムです（Segerstrom, Hardy, Evans, Winters, 2011）。心拍数や血圧を下げ、呼吸を遅くし、消費されるエネルギーを節約します。余ったエネルギーは、高次の思考を司る前頭前野に使われます。すると、誘惑に対する衝動にブレーキをかけることが

可能になります。なぜその誘惑に抗わなければならないのか、その理由を思い出すことができます。

　アルコールの誘惑に打ち克った人でも、同じことが確認されました（Ingjaldsson, Laberg & Thayer, 2003）。アルコールを前にすると、好きな人であれば心拍数や血圧が増加し、呼吸が速まり、「闘争・逃走反応」が生じます。ここで、アルコールの誘惑に打ち克つ人では、心拍数が急速に低下し、平常時の状態に戻りやすいことが認められました。心拍数の変化は**心拍変動**と呼ばれ、その上昇から平常時まで戻る速さが自制心と強く関連すると考えられています。

　幸運なことに、心拍変動は、工夫によって高めることが可能です（McGonigal, 2012）。最も簡単な方法は、深呼吸です（Song & Lehrer, 2003）。目安は、1分間に4〜6回です。そうすると、1呼吸は10〜15秒かかります。目の前のスマホ、チョコレートなど、誘惑に負けそうになった時、普段よりゆっくりめの呼吸をしてみましょう。多くの人にとっては、吐く息をゆっくりにする方が容易です。休止・計画反応が起き、本来の目標を思い出すことができる確率が高まります。さらに、長期的に心拍変動を高めるには、毎日簡単な課題を続けることも効果的です（Halvorson, 2010）。歯を磨く時には利き手ではなく逆手を使う、ランチには普段は選ばないメニューを選ぶ、など、無理なく遂行できる課題で構いません。それでも、毎日続けるには怠けたい欲求に抗う自制心が必要です。筋肉と同様に、毎日課題をこなすことで、自制心は鍛えられていきます。

3．2つの力の総合：「望む力」

　ここまで、「やる力」「やらない力」について説明してきました。それぞれが目標達成に向けて大きな効果を持つことがわかりました。ここでは、それらの2つを合わせた「望む力」による動機付けについて考えます。

（1）望む力の種類
　望む力は、なぜその目標達成を設定するのか、根本にある理由を考えることで明らかになります。レポートでよい成績を取りたいとしたら、それはなぜな

のでしょうか。他者に優秀な人物と評価されたいからでしょうか。それとも、希望の職業に就くために自らの能力を磨きたいからでしょうか。そのどちらでも、当座の目標を達成することで得られる最終的な成果が、望む力の源泉です。

　望む力は、大きくは2種類に分けられます（Halvorson, 2010）。高い知能や能力など、周囲に自分の有能さを示すこと、つまり自尊心を高めることが目的の場合は、**証明型**に該当します。証明型の目標は、例えば難関大学に入学する、一部上場企業に就職するなど、明確な成果が得られるものに設定されます。一方、自らの能力を高めることや学ぶことが目的の場合は、**習得型**に当てはまります。習得型の場合は、具体的な目標ではなく、自己成長を目指し、長期的な成果を重視します。どちらも「望む力」として目標達成を推し進めるエンジンになりますが、その様相は、若干異なります。

　実験的に証明型と習得型の目標を設定した研究では（Harackiewicz & Elliot, 1993）、大学生の被験者に、各面にアルファベットが書かれたコマを使ってできるだけ多くの英単語を作るよう求めました。証明型に割り振られた条件では、実験の目的は「パズルを解く能力を他の人と競うこと」だと告げられました。習得型の条件では、「パズルを解くための能力を高めること」だと告げられました。また、それぞれのグループの半分にのみ、高い得点をあげれば、単位が与えられると告げました（アメリカの大学では、心理学実験への参加が単位取得の一部となっていることが多々あります）。大学生にとって単位は、非常に魅力的な報酬です。その後、実際にパズルを解いてもらうと、単位について何も知らされていないグループでは、証明型と習得型の条件で、パズルの得点に差はありませんでした。ところが、単位が与えられると告げられたグループでは、証明型の方が、習得型よりも高い得点を得ていました。

　しかし、証明型の動機付けや成績が高いのは、課題が比較的簡単な内容に限られます。難易度の高い課題での証明型と習得型の成績を比較した研究では、異なる結果が得られています。この実験では、正解のない問題を混ぜたり、被験者が課題に取り組んでいる最中に実験者が話しかけて妨害しました。これらの困難にかかわらず、習得型の条件では、妨害がない時と変わらない成績を示しました。一方、証明型の条件では、得点が著しく低下し、動機付けが大きく

減少しました。

　これらの研究から、成果につながる「望む力」が課題に応じて変わるといえます。成果につながりやすい課題では証明型が、成功の見通しが立ちづらい課題では習得型が、それぞれ高いパフォーマンスと関連します。ところで、私たちが普段目標を立てる時、その中身は容易に達成されるものでしょうか。希望の大学に受かる、優秀な成績を収める、親密な人間関係を築く、など、一筋縄ではいかないものが大多数を占めるのではないでしょうか。これらの目標を達成する上では、他者に自分の能力を誇示したいという証明型よりも、自らの成長を目指す習得型の「望む力」が威力を発揮できそうです。

（2）望む力とネガティブな感情

　2種類の「望む力」は、ネガティブな感情の体験とも関わりがあります。証明型の場合、目標を達成した際には大きな見返りが期待されるため、順調に物事が進んでいる時には高い動機付けを示します。しかし、状況が悪い方に変化し始めると、自尊心が低下し、不安や抑うつなどのネガティブな感情を抱き始めます。そして、努力を無駄と捉えるようになり、目標への取り組みを中断してしまいます。一方、習得型では、状況が悪化し、時には失敗したとしても、ネガティブな感情はそれほど生じません。この状況を克服するためにどうすればよいかを考え、簡単にあきらめることはありません。その結果として、大きな成果を手に入れる可能性も高まります。証明型は失敗が挫折につながり、習得型は失敗が成功につながりやすいといえます。

　こうした傾向は、望む力によるネガティブ感情の違いを示した研究でも示されています（Grant & Dweck, 2003）。この研究では、100人の大学生を対象に、3週間日記をつけてもらいました。その日の最悪の出来事と、それにどう対処したか、また活動リストからその日行ったものを選択させました（勉強、友達と遊ぶ、食器の片付け、洗濯など）。

　日記に先立ち、それぞれの大学生が証明型と習得型のどちらのタイプかを判別する質問に答えてもらいます。例えば、「基本的な価値、能力、人としての魅力は、多くの状況で周囲からの判断によって変わる」などの質問に多く同意

した学生は証明型、「自己成長や新しいことを学ぶことは、失敗や拒絶による失望よりも価値が高いと考える」などの質問に同意した学生は習得型に分類されました。

日記の内容をみると、証明型では、習得型よりも落ち込む頻度が多いことが示されました。また、証明型の学生は、ひどく落ち込んでも、その対処のための行動をとることが少なく、生活面での影響、例えば汚れた皿を溜める、洗濯ものを山積みにするなどの作業の滞りがみられました。一方、習得型の学生は、ネガティブな感情が生じるほど、何らかの行動をとろうとすることが示されました。問題の原因が自分にあれば解決行動をとり、自力で解決できなければその良い側面をみようとし、その経験を通じて成長しようと努めていました。また、ネガティブな感情を体験している時ほど、洗濯物の山を片付け、懸命に勉強するなど、他の目標達成に取り組む傾向にありました。

習得型は、勉強や仕事、人間関係等での失敗があっても、自尊心を傷つけるものにはなりにくく、むしろ、克服する価値のあるチャレンジとして受け止めるといえます。その意味でも、証明型の「望む力」は、困難な目標を設定した際には有効ではないといえるでしょう。

4．目標達成の土台となる「心」：マインドセット

前章と本章では、「やる力」「やらない力」「望む力」の３つの観点から、目標達成を成し遂げるための環境や心の使い方をみてきました。そして、それぞれの目標の種類に合わせて、環境を調整したり、自制心を駆使したり、目標達成の目的を考えることが効果的であることを理解しました。本章の最後として、目標の選び方や、自分自身に関する信念の重要性を学びます。

（1）その目標を決めるのは誰か：自己決定理論

動物園に暮らす動物たちは、野生よりも短命であることが知られています。条件だけを考えれば、動物園の方が、エサに困ることもなく、天敵に襲われることもないため、野生よりも快適であり、生存確率も高まりそうだと予想され

ます。それにもかかわらず、なぜ野生動物の方が長生きなのでしょうか。その理由は、選択の自由にあると考えられます（Iyengar, 2010）。動物園の動物は、いつどんなエサを食べるか、どこに移動するかといった自らの行動に関する選択をすることができません。動物たちにとって、行動を自己決定できることが生存確率を高める要因と考えられます。

　選択の自由を持つかどうかは、目標達成においても重要です。その行動を行いたいという理由で行動することを、心理学では**内発的動機付け**といいます。内発的動機付けの理論である**自己決定理論**では、選択の自由を自律性と呼び、自律性が内発的動機付けを高めることを説明しています（Deci & Flaste, 1996）。つまり、目標を設定する際は、自ら選ぶことで成功する可能性が高まるということです。親がそうするよう言ったから、周りが勧めるから、といった理由で始めた行動が長続きしないのは、自分が選択したことを実感できないためです。何かを成し遂げようとする時は、自分自身が目標を選ぶのが達成への近道といえます。

（2）努力を信じるか、運命を信じるか：マインドセット

　知能など、自分の能力についての信念もまた、人の行動を左右します。そのような信念の1つに**マインドセット**（心のあり方）があります（Dweck, 2006）。マインドセットには、固定型と成長型があります。

　固定型マインドセットの場合、努力は必ずしも必要ではありません。他者との比較の結果として自分の優劣が決まるため、自分の優位性が確かならば努力することは少なくなります。また、自分が明らかに劣位にある時は、自身の能力を向上させても無駄だとみなし、努力を行わない傾向があります。他者の成功は自分の失敗を意味するため、他者の成功には強く嫉妬するか、ひどく落ち込みます。

　これに対し、自らの能力や可能性を高めることが目的の成長型マインドセットでは、比較の対象が過去の自分になります。以前よりどのくらい自らの能力を高めることができたかが、成長型の人の関心です。そして、自分より優位にある他者は、当人にとって目標であり、どうすれば成長できるかのヒントを示

してくれる人でもあります。この型の人にとって失敗とは、成長の機会を逃すことであり、失敗それ自体は次に成功するための手がかりと考えるため、失敗自体を恐れることがありません。

　私たちは誰でも、2つのマインドセットを持ちますが、その比率は個人により異なります。しかし、成功をもたらすのは、成長型マインドセットです。例えば、小学校から中学校に移行する子どもたちを追跡調査した研究では（Dweck, 2006）、中学入学時点で成績に差がない子どもたちでも、固定型マインドセットを持つ生徒では、2年の間に、わずかずつですが着実な成績の低下がみられました。さらに、固定型マインドセットの生徒は、成績低下という脅威から自我を守るために、努力しないという方略をとる傾向にありました。中学生になれば学習内容も難しくなり、同時に、身体の変化にも戸惑う難しい時期であるため、成績の低下もやむを得ない側面があります。このような困難な中でも、成長型マインドセットを持つ生徒では、2年間にわたり、成績が上がり続けました。このように、成長型マインドセットは、個人にとって大きな成果を成し遂げる助けとなります。

　何かに失敗した時、それを自分の能力の低さを証明するものと捉えず、努力が足りない証しとみなし、少しでも前進することを考えるのが、動機付けを維持する鍵です。失敗が自分の能力のせいか努力不足のせいかを決めるのに、誰かの許可をもらう必要はありません。努力をすれば自分は成長できると信じるだけです。目標に取り組んだ時、どんな結果であれ、自分の頑張りを認めることが重要です。

　自律性やマインドセットの研究から、目標達成には、行動決定の所在や自己の可能性に対する信念も関与することがうかがわれます。目標を掲げる際の参考になれば幸いです。

【より深く学びたい人のために】

ダックワース, A.（2016）．やり抜く力 GRIT（グリット）——人生のあらゆる成功を決める「究極の能力」を身につける　ダイヤモンド社：物事を最後までやり抜く力が、各種領域での成功者へのインタビューを通じて紹介されています。スキル獲得のプロセスにおいて、

最初の努力を続ける「努力」の重要性が示されているのもユニークです。

鹿毛雅治（編）（2012）．モティベーションをまなぶ12の理論――ゼロからわかる「やる気の心理学」入門！　金剛出版：本章でも取り上げた内発的動機付けや自己決定理論など、心理学や経営学での主要な理論が、それを専門とする研究者によって説明されています。この本だけで現在の研究動向を把握することができるお得な1冊です。

高橋雅治（編著）（2017）．セルフ・コントロールの心理学――自己制御の基礎と教育・医療・矯正への応用　北大路書房：セルフ・コントロールは、行動分析学的に説明することができる、すなわち、練習によって習得できる力であることが理解できます。専門的な内容ですが、経済学や教育学、医療や社会問題への応用も詳述されており、幅広い知識を得ることができます。

【引用文献】

Baumeister, R. E., Bratslavsky, E., Muraven, M., & Tice, D. M. (1998). Ego depletion: Is the active self a limited resource? *Journal of Personality and Social Psychology, 74*, 1252-1265.

Cannon, W. (1927). *Bodily changes in pain, hunger, fear, and rage: An account of recent researches into the function of emotional excitement.* New York, NY : Appleton. (reprinted edition in 2015, Andesite Press).

Deci, E. L., & Flaste, R. (1996). *Why we do what we do: Understanding self-motivation.* London, England: Penguin books. （デシ, E. L., フラステ, R.　桜井茂男（訳）（1996）．人を伸ばす力――内発と自律のすすめ　新曜社）

Dweck, C. (2006). *Mindset: The New psychology of success.* New York : Random House. （ドウェック, C. 今西康子（訳）（2016）．マインドセット「やればできる！」の研究　草思社）

Grant, H., & Dweck, C. S. (2003). Clarifying achievement goals and their impact. *Journal of personality and social psychology, 85*, 541-553.

Halvorson, H. G. (2010). *Succeed—How we can reach our goals.* New York, NY : Hudson Street Press. （ハルバーソン, H. D. 児島修（訳）（2013）．やってのける――意志力を使わずに自分を動かす　大和書房）

Harackiewicz, J. M., & Elliot, A. J. (1993). Achievement goals and intrinsic motivation. *Journal of personality and social psychology, 65*(5), 904-915.

Ingjaldsson, J. T., Laberg, J. C., & Thayer, J. F. (2003). Reduced heart rate variability in chronic alcohol abuse: Relationship with negative mood, chronic thought suppression, and compulsive drinking. *Biological Psychiatry, 54*, 1427-36.

Iyengar, S. (2010). *The Art of Choosing.* New York, NY : Twelve. （アイエンガー, S.　櫻井祐子

（訳）（2010）．選択の科学　文藝春秋）

木村元彦（2018）．オシム　終わりなき闘い　小学館

McGonigal, K. (2012). *The Willpower instinct: How self-control works, why it matters, and what you can do to get more of it.* New York, NY : Avery.（マクゴニガル，K. 神崎 朗子（訳）（2012）．スタンフォードの自分を変える教室　大和書房）

Segerstrom, S. C., Hardy, J., Evans, D. R., & Winters, N. F. (2011). Pause and plan: Self-regulation and the heart. In G. Gendolla & R. Wright（Eds.）*How motivation affects cardiovascular response: Mechanisms and applications.* Washington, DC : American Psychological Association Press.

Song, H. S., & Lehrer, P. M. (2003). The effects of specific respiratory rates on heart rate and heart rate variability. *Applied psychophysiology and biofeedback, 28,* 13-23.

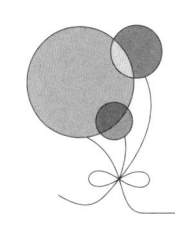

人と違うってどんなこと? 14
発達障害の理解を目指して

　学生との話の中で、「コミュ障」という言葉が頻繁に出てくるようになりました。聞くと、「コミュニケーション障害」の略語だそうです。初めて聞いた時には驚きましたが、学生の間では違和感なく使われているようです。気がつけば、テレビのバラエティ番組でも「空気を読む」ことが話題にされ、企業でも新入社員に求める能力第1位が「コミュニケーション能力」であるなど、個人のあり方におけるコミュニケーションの比重が高い割合を占めるようになりました。そのような状況の中で、周囲とは異なるコミュニケーションの方法をとる人、いわゆる発達障害の当事者、そして周囲の戸惑いや悩みは、どれほど大きいでしょうか。第14章では、障害やその対応について、考えていきます。

 ## 1. 発達障害とは

　発達障害は、神経発達の状態に起因すると考えられている、先天性の強い（非常に幼い時から症状が現れる）ものです。ですから、保護者の育て方が悪いせいでも、先生の指導が悪いせいでもありません。ここを間違うと、発達障害を持つ当事者や家族に対して不適切な関わりをしてしまう恐れがあります。かつて、自閉症（自閉スペクトラム症）は親の愛情不足のせいだと言われていたことがありました。自閉症の、外の世界を拒絶するような様子から連想されたのかもしれませんが、決してそんなことはありません。誰かのせいで生じた障害ではないことを最優先で理解すべきでしょう。

　発達障害は、特定の具体的な障害を指す言葉ではありません。その中には、自閉スペクトラム症、限局性学習症、注意欠如・多動症等が含まれる、広義の概念です（以前は、自閉症、学習障害、注意欠陥・多動性障害と呼ばれていましたが、米国精神医学会が定める『精神疾患の診断・統計マニュアル（Diagnostic and statistical manu-

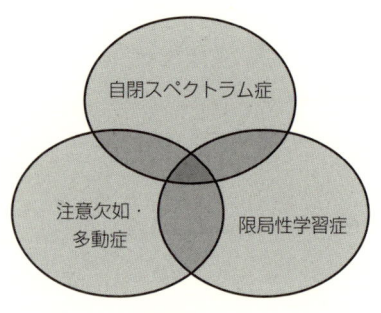

図14-1 発達障害に含まれる症状

al of mental disorders: DSM)』の改訂により、本文記載の名称となりました）。これと同じようなことは、「ストレス」という言葉にも当てはまります。第6章で触れたように、ストレスは原因となるストレッサーと結果としてのストレス反応の総称として使われることもあり、さらにストレッサーには、対人関係上のものもあれば、物理的なもの、勉強や仕事に関するものなど、様々な種類があります。それらを総称して「ストレス」といいます。そうした方が、ストレスという現象全体を把握しやすいためです。発達障害も同様に、発達上の困難を生ずる症状全体を把握するための言葉として用いられています。

　ストレスを和らげるためには、それぞれの内容に応じた対応が必要です。発達障害でも同様に、個々のあり様に適切な対応の仕方があります。発達障害では、個別の症状が単独で生じるよりも、併存することが多くあります（図14-1）。この症状が強くて、また副次的にこの症状がある、といったように、複雑な組み合わせをとりえます。障害の名前にとらわれず、その人の困難や要望に応じた対応が必要です。

　そもそも、障害の有無にかかわらず、1人ひとり、人間は違っていますから、万人に当てはまる方法などないのは当然といえます。大切なのは、今目の前にいる人を、「名前」を持った一個人として尊重し、その手助けとして何ができるのかと思いをめぐらすことではないでしょうか。

2. 個々の障害について

　では、それぞれの障害についてみていきましょう（厳密には『精神疾患の診断・統計マニュアル第5版（DSM-5）』によって障害の定義が定められていますが、ここではその大枠のみを示すにとどめます）。

（1）自閉スペクトラム症

　自閉スペクトラム症は、他者とのコミュニケーションにおいて、持続的な症状があることを特徴とします。例えば、相手の目を見て話すことができない、表情から気持ちをくみ取るのが苦手、小さい頃から友達ができにくい、雑談の輪に入れない、といった様子がみられます。表情など、言葉以外の方法を使って自分の気持ちを伝えるのも苦手なことが多いようです。

　また、限られた対象への強いこだわりがあります。特定の事柄に関しては、専門家顔負けの知識量を持っていることもあります。一方で、規則的な行動を好み、小さな変更への対応が難しいために、教室変更など、一時的な変化に混乱してしまうこともあります。

　これらの症状は、スペクトラム（連続体）という観点から捉えられています（図14-2）。白と黒を両極に置く時、白と黒はパッキリと２つに分かれるのではなく、その中間のグレーゾーンを有しながら少しずつ程度を変えていきます。これと同様に、障害者と健常者は完全に異なっているのではなく、その程度の問題であり、両者はつながっているというのが、スペクトラムという考え方です。

　例えば、自閉スペクトラム症の方の中には、冷やし中華が食べられないという人がいるそうです。いろいろな味が混ざるのが不快だそうです。私たちの中でも、食べられないことはないけれど、でも味が混ざるのが嫌だなと思う人がいるのではないでしょうか。友人と外食に行って、お互いが注文した料理を取り分けるのは、味が混ざるから本当は嫌だけど、でも本音を言うのは気まずいので黙っている人、いませんか。このように、発達障害の症状は、私たちとかけ離れたものではなく、その程度の問題として位置付けられます。

　しかし、だからといって、健常者が自閉スペクトラム症の症状を十分理解できると過信するのは禁物です。白と黒はつながっていますが、白と黒だけを取り出して比べれば、はっきりとし

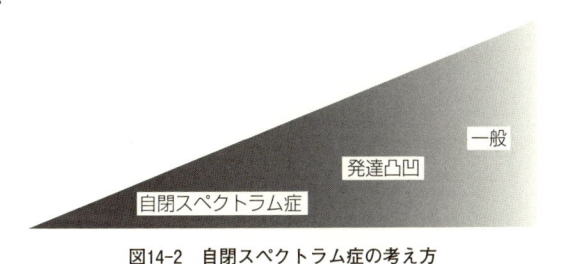

図14-2　自閉スペクトラム症の考え方

た違いが存在します。発達障害も同様です。ですから、人間、誰にだって１つや２つはできないことがある、だからあなたもできないことがあっても気にしないように、とは言えないということです。できないことを個性とみなすか障害とみなすかは、周囲ではなく本人です。ここは難しいところですが、安易に共感することもまた、障害の理解から離れてしまいます。障害があることによって、計り知れない悩みや困難に直面しうることも事実です。その人が置かれた状況独自の辛さがあるということも忘れないようにしましょう。

（2）注意欠如・多動症（ADHD）

　注意欠如・多動症（Attention-Deficit/Hyperactivity Disorder : ADHD）は、２つの症状が合わさった診断名であり、人によって、１つにのみ当てはまることもありますし、両方当てはまる人もいます。

　注意欠如は、持ち物の整理が苦手、しょっちゅう失くし物をする、約束を忘れてしまい守れないなど、不注意を中心とする症状です。誰でも失くし物をしますし、約束を忘れることもありますが、それがたまにではなく、高頻度で起きることが特徴です。本人の意識の問題ではなく、いくら気をつけていてもそうなってしまいます。

　もう１つの症状が**多動性―衝動性**であり、これはじっとしていられなかったり、１つのことに集中を持続することが難しいといった多動性と、順番が待てない、人の話を遮って自分の話をしてしまうなどの衝動性があります。

　これも、育ち方や指導の問題ではなく、また本人の意志の問題でもありません。しかし、注意欠如・多動症の人たちは、周囲に本人のやる気がない、だらしがない、などのように受け取られがちです。その結果、自分はダメなんだと自己評価を下げてしまうことがあります（これを**二次障害**といいます）。つまり、障害の中には、障害それ自体からではなく、周囲の関わりによって作り出されるものがある、ということです。この点については、本章の最後でもう一度考えてみましょう。

（3）限局性学習症

　限局性学習症（Specific Learning Disorder）は、知的水準は十分高いのに、特定の領域（聞く、書く、話す、読む、計算する、推論する等）に限り、著しい困難が生じる障害です。特に多いのは、字を読んだり、書いたりすることの障害です（発達性ディスレクシアといいます）。文の文字を読み飛ばしてしまう、語尾を変えてしまうなどの勝手読みをする、文章の意味が読み取れない、漢字を正しい書き順で書けない、作文など長い文章が書けない、などの症状があります。

　読み書きができないという症状から示唆されるのは、読み書きというのが極めて高度な認知過程であるということです。単語の認識１つとっても、そこには、視覚刺激の認識と脳への取り入れ（符号化）、符号化された情報と頭の中にある辞書（単語の意味に関する記憶のカタマリ）との照らし合わせ、前後の文脈をふまえた単語の文法的意味や概念的意味の選択など、瞬時に数多くの情報処理が行われていることが知られています（Bruer, 1994）。驚くべきことに、この複雑な処理を、私たちは意識することなく行っているのです。

　普段意識せずに行っていることを、人に説明するのは難しいものです。自転車の乗り方を言葉で説明しようとすると上手くできません。これと同様に、文章の読み方、文字の書き方を説明することは難しいものです。しかし、限局性学習症の人は、言葉で上手く説明できない読み方書き方を説明してもらう必要があります。つまり、限局性学習症に対応するためには、私たち自身が私たちの行動を深く理解する必要があります。

　限局性学習症は、障害とわかる以前は、知的障害と間違われたり、本人の努力不足によるものと誤解されることがありました。先の２つの障害と同様に、原因は脳や神経系の働き方にあると考えられていますが、まだ詳しいことはわかっていません。しかし、脳の働きに関する研究が進むにつれ、本人の努力不足が原因といった誤解を受けずに、適切な対応がなされることが期待されます。

■ 3．発達障害の捉え方

発達障害は脳の働きの個人差とも言えますが、ぴんと来ない人もいるかもし

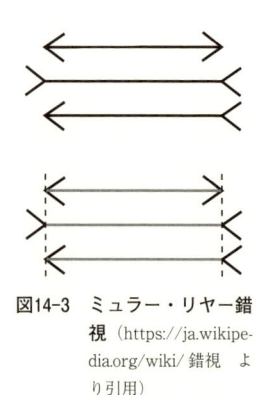

図14-3 ミュラー・リヤー錯視 (https://ja.wikipedia.org/wiki/ 錯視 より引用)

れません。ここでは、脳の働きの問題を実感してもらうために、錯視現象を取り上げましょう。

錯視とは、物理的性質とは異なる性質を視る心理的現象を指します。図14-3を見てください。これはミュラー・リヤー錯視と呼ばれている図形です。上中下の３本の線分の長さを比べてみると、中央の線が最も長く、上の線が最も短く感じます。しかし実際には３つの線は同じ長さです。このように、実際は同一の物理的性質が、異なって見える現象を錯視といいます。ところが、自閉スペクトラム症では錯視が生じにくいことが知られています。

第９章の「視覚」に関する章で説明したように、私たちの脳は目の前の対象をありのまま見るのではなく、限られた情報を加工（追加）して対象を認識しています。錯視という心理的現象が起きにくいという事実から、自閉スペクトラム症では、一連の視覚の仕組みのどこかが、私たちとは異なる方法で働いていることが推測されます。錯視に関して言えば、私たちが対象の図形全体を捉えて認識しているのに対し、自閉スペクトラム症の人は、図形の細部を正確に捉えて線を１つ１つ認識できますが、それらの統合がされにくい可能性があります。自閉スペクトラム症の人は、私たちとは別の視覚的世界を生きているのかもしれません。

さらに大胆に推測するならば、対人関係に関する認識についても、同じことが言えるかもしれません。自閉スペクトラム症の人は、言葉を字義通りに捉える傾向があります。例えば、「信号を渡る時には、車をよく見てね」と言われたら、私たちの多くは、交差点に入ってくる車がいなかどうかを注意しながら信号を渡ることと受け取ります。しかし、自閉スペクトラム症の人は、信号で立ち止まって車をじーっと観察しかねません。「車をよく見る」ことが、「走ってくる車がいないか注意する」ことだと読み取るには、その場の状況や文脈を統合した、高度なコミュニケーション技術が必要です。さらに、日常生活では、視線、表情や声の抑揚など、言葉以外の要素がコミュニケーションを左右しま

す。健常者では、意識せずに非言語的な要素を使うことができますが、自閉スペクトラム症では、言葉にされないものを理解するのが苦手です。言葉や言葉以外の理解が困難な状態で、他者と関わらなければならないのが、自閉スペクトラム症です。そして、その困難が神経系の働きに起因するというのは、それが彼らの意志によって生じている問題ではない、ということです。

4．周囲の関わり方

　健常者にとって望ましいこと、当然のことが、発達障害者にとってもそうだとは限りません。発達障害の当事者に、どのように接することが助けになるかを知ることは、当事者と周囲の双方にとって有益です。ここでは、約束をする場面を想定して、具体的な配慮の仕方をみていきましょう。

　自閉スペクトラム症や ADHD 児・者の中には、約束を守ることが難しい人もいます。私たちは、行動の原因を内面に求める傾向があるため（第12章参照）、約束を守らないことを、性格のせいにしてしまいがちです。しかし、障害のある人にとっては、わざと約束を守らないのではなく、どうしても守ることができないことがあります。そういう時には、以下の方法を試してみてください。

①約束は具体的な言葉にする

　「じゃ、後で」など、曖昧な表現だと、発達障害者は、いつ？どこで？と混乱してしまうかもしれません。「4時に、部室で」のようにわかりやすく伝えましょう。

②メモを渡す

　発達障害者の中には、耳で言葉を聞き取るのが苦手な人がいます。さらに、聞きながらメモをとる、などのように、同時に複数の作業をこなすことも難しい場合があります。簡単で構いませんから、文字にすることを意識してみましょう。

③リマインダーを設けるよう助言する

　約束の直前に、自分に確認のメールを送るようにするなど、忘れない工夫を伝えることもできます。今は、スマホで時間管理のアプリを利用することもで

きます。アラーム機能もあり、大変便利です。

　どうしても約束を守れないという人はいます。そして、その人はどうして自分はこんなこともできないのだろうと、自信を失っていることも多々あります。しかし、一度でも無事に約束を守ることができれば、自信がつきます。そして、次の約束も、守るための努力をする動機付けになります。周囲の人が、全て代わりをするのではなく、障害のある人が、自分で問題に対処できるための工夫ができれば、周囲との軋轢を生む機会を減らすことができます。また、障害のある人にわかりやすい伝え方は、障害がない人にとってもわかりやすいものです。配慮は、配慮する側の負担が大きくなりがちですが、配慮する側される側の両方にとって、利点のある道を探していくことも大切だと考えます。

■■ 5. 障害とは

　最後に、障害そのものについて考えていきます。次の文章は、『色のない島へ』からの引用です。みなさんは、この結末をどのように考えますか。

　　私は特に『盲人国（H. G. ウェルズ）』という作品が気に入っている。舞台は南米で、道に迷った旅人が寂しい谷間の村に迷い込む。（中略）村人は実際に盲目で、そこは盲人の社会なのだ。

　　旅人は初め村人を蔑んで、彼らのことをかわいそうな障害者だと思っていた。が、すぐに立場は逆転した。逆に村人のほうが旅人を、顔に付いたうるさく動き回る器官（村人の目はすでに退化していたので、目を幻覚の源としてしか認識していなかった）が作り出す幻覚のとりこになっている哀れな男だと考えた。

　　やがて旅人は村の娘と恋に落ち、結婚して村に残りたいという。すると、村の長老たちは議論を重ねた末に、そのじれったい器官、つまり旅人の両目を取り除くなら、という条件でそれを認めたのだった。

　このストーリーは、旅人が喜んで両目を差し出して終わります。私たちは、「目が見えない」ことを障害だと思っています。ですが、目が見えないことが障害なのは、目が見えることが重要であるという"みんな"の価値観があるからで

す。ですから、"みんな"のメンバーが変われば、価値あるとされるものは変わります。

　先日、中国からの留学生と話している時、日本人はすごいという話題になりました。友達が「ティッシュ持ってる?」と尋ねてきたら、私たちは自分のティッシュを渡しますね。しかし、中国であれば、ティッシュを持っているかどうかの確認の質問だと捉え、「はい」「いいえ」で終わるそうです。いわゆる「空気を読む」という問題も、日本人が大勢を占める状況でこそ成立する価値観なのかもしれません。世の中が、発達障害のある人が多数派で、いわゆる健常者が少数派だとしたら、「空気を読まない」ことに価値が置かれるかもしれません。どちらの価値観が正しいかということではなく、世の中で大事だとされていることは、いくらでも変わりうるということです。

　とはいえ、今の社会で重視されている価値観に合わないということは、本人にとって苦痛であることは、想像に難くありません。その種類にかかわらず、障害のある人の多くは、社会に適応するための多大な努力を払っているのは確かです。状況や時代が異なれば変わってしまうかもしれない、不確かな価値観の中で、懸命な努力を続ける人は尊敬に値します。そこに、障害の有無は関係ありません。当人にとって最大限の努力がなされるならば、その努力は尊重に値するのではないでしょうか。

　コミュニケーションは、そこに関わる双方の関与によって成立しています。往々にして、双方にはそれぞれの"正しさ"があり、どちらかだけを優先すれば、他方の側には抑圧や不安が生じます。障害に関しても、その有無によって、それぞれの"正しさ"があり、ない側はある側に順応を求め、ある側はない側に受容を求めることによって、双方の間に溝ができてしまいます。どちらの"正しさ"が正しいかを追求すれば、その溝はますます深まります。

　伊藤（2015）は、全盲者へのインタビューを通じて、目の見える人がすることを、目の見えない人は別な方法を使って行っている点を「面白い」と表現します。へえ、そういう方法もあるんだ、という視点です。そこには、どちらが正しいかの議論を超えた、対等な立場での関心があります。こっちはこうやるけど、そっちはそうなんだ、とお互いに興味を持つことから、コミュニケーシ

ョンを始めることができれば、双方が等しくコミュニケーションを担う道がひらかれると期待されます。

　コミュニケーションの語源は、ラテン語の communis（共通するもの、共有物）と考えられています。そうであるならば、コミュ障の問題、ひいては、障害と社会の関わりについての問題は、双方の"正しさ"を、双方が共有する試みによって、乗り越えていけるのではないでしょうか。

【より深く学びたい人のために】

青木省三（2012）．ぼくらの中の発達障害　筑摩書房

木村　順（2006）．子育てと健康シリーズ25　育てにくい子にはわけがある　感覚統合が教えてくれたもの　大月書店：前者は青年期以降、後者は幼児・児童期における発達障害について詳しく説明しています。さらに、それらの障害をどう受け止め、関わっていくかということについてもふみ込んだ内容になっています。

湯澤正通・湯澤美紀（2014）．ワーキングメモリと教育　北大路書房：発達障害の中でも、限局性学習症は、そのメカニズムや対応についての研究がまだ十分ではなく、蓄積が望まれる分野です。そのメカニズムの有力な説明として、ワーキングメモリ（working memory：WM）の問題が指摘されています。本書は、WM に関して幅広い知識が得られる内容です。

黒柳徹子（1981）．窓ぎわのトットちゃん　講談社：この本は、心理学の本ではなく、著者が体験した戦前の小学校時代の実話を基にした小説です。著者を始めとして心身に様々な個性を持つ児童が、自分の個性を活かして、のびのびと学ぶ姿が描かれています。その学びを見守る校長先生は、悩みながらも子どもの"正しい"を尊重する人物として記憶に残ります。

【引　用　文　献】

American Psychiatric Association（2013）．*Diagnostic and statistical manual of mental disorders (5th ed.).* Washington, DC: Author.（米国精神医学会，日本精神神経学会（監修）、高橋三郎・大野　裕（監訳）（2014）．DSM-5 精神疾患の診断・統計マニュアル第5版 医学書院）

Bruer, J. H.（1994）．Schools for Thought: A Science of Learning in the Classroom. MIT Press: Cambridge.（ブリューアー，J. H. 松田文子・森　敏明（監訳）（1997）．授業が変わる──認知心理学と教育実践が手を結ぶとき　北大路書房）

伊藤亜紗 (2015). 目の見えない人は世界をどう見ているのか　光文社

Sacks, O. (1996). *The Island of the Color-blind*. Gordonsville, VA : Picador.（サックス，O. 大庭紀雄（監訳）(1999).　色のない島へ――脳神経科医のミクロネシア探訪記　早川書房）

政府広報オンライン　特集「発達障害って、何だろう？」 http://www.gov-online.go.jp/featured/201104/index.html

おわりに 15
「それで？」の先を目指して

　心理学と聞くと、心理テストや占い、心の闇（犯罪）の専門家、生き方指南、自分の願いが魔法のように叶うおまじない……等々を思い出す方も多いようです。それらは実際の心理学研究では扱われることが、全くとは言えませんが、滅多にありません。なぜなら心理学は「行動」を中心として理論が体系化されている領域であり、私たちの内面をいったん「外側」に出す試みが辛抱強く（できるだけ多くの人を対象に、偶然ではないことを示すために慎重に）行われています。対照的に、一般に広く知られている心理学は（通俗的心理学、ポピュラー心理学、とでもいうべきでしょうか）、自分も知らない"本当の"自分がわかる、悩みが"あっという間に"解消する、という印象を与えがちです。そういう背景があるために、まず「いやいや、心理学はそういうのではなくて……」という前置きが必要です。実際、私も大学1年生向けの講義ではそう解説をしています。

　心理学の研究者は、いかに心理学が大変な労力を払って「科学」として成立してきたのかを深く理解しています。だからこそ、マスコミやインターネットで、個人の感想や実体験が「心理学」として話される場面があることに胸が潰れる思いを抱き、「いやいや……」と訂正するのですが、心に関する理論や研究結果を授業で紹介すると、受講生が眉をひそめて渋い顔をするのをしばしば目にしてきました。そして、ある日の授業の感想がとどめの一撃となりました。「心を科学的に解明するのってなんか嫌だとおもった」。ガーン。

　以来、心理学とは何かというモヤモヤが頭から離れません。考え続けてしばらくたった時、ふと思いました。学生が納得できない様子を示すのは、単に用語や理論が難しいという理由以上の何かがあるのではないかと。

　その何かを考える上で重要なのは、心は誰もが持っているという事実でした。心理学の授業を聞いていると、心は確かに自分のもののはずなのに、どこか遠い、自分とはかけ離れた世界で起きていることのような印象を与えるようです（これは、心理学の目的が「心に関する普遍的・一般的な法則の確立」にあるためであり、

むしろ心理学の強みでありますが）。さらに、馴染みのない言葉で説明された心の話が、どう自分の生活に役立ったり、自分の気持ちを慰めたりするか、さっぱりわからないという戸惑いもあるようです。「へえ、心ってそういう理論で説明することもできるんだ、それで？」。この「それで？」に、私はどれだけ答える（応える）ことができるのだろうかと、自分なりに試行錯誤を行ってきました。

　そういう理由で、この本は、一般の方や学生に、心理学の研究結果をどう伝えたら納得してもらえるか、実感を伴って理解してもらえるか、を念頭において書かれています。「それで？」を意識した内容にしてから、授業後のコメント用紙には「励まされました」「気持ちが軽くなりました」等の嬉しい言葉がちらほら見受けられるようになりました。しかしこれは私の手柄なのではなく、励まされたり、気持ちが軽くなるのは、1人ひとりの中に困難な状況でも努力したい、前進したいという「より良い自分になりたい」という欲求が確かに存在しており、授業を聞いてその欲求を思い出すからだと考えています。

　「それで？」に応えるという軸と、そして「はじめに」で書いたように、心と環境の双方向性という軸の2つを自分に課したために、これらに沿わない重要な心理学理論や知見を含めることはできませんでした。特に、発達心理学については扱えるスペースが限られてしまいました。広く心理学を説明した良書も数多く出版されており、また、そのブックガイドもあるので、ここで紹介します。みなさんの今後の学習の参考にしてください。

・長谷川真理（2014）．発達心理学——心の謎を探る旅　北樹出版：誕生から死までの研究成果がまとめられ、また巻末でのワークも楽しめます。DVD資料も別にあり、視覚を通じて発達の様子を理解することができます。

・コーリン, C.（2013）．心理学大図鑑（大図鑑シリーズ）　三省堂：一般的なテキストとは異なり、大判見開き2ページで1つの理論が紹介されています。豊富な図や写真を見ているだけでも楽しい1冊です。

・ホック, R. R.（2007）．心理学を変えた40の研究　ピアソン・エデュケーション：いわゆる心理学の古典の原著を紹介しています。論文の概要に加え、最近の展開も含まれており、有名な研究の「その後」がわかります。

・サトウタツヤ（2015）．心理学の名著30　筑摩書房
・服部 環（監修）（2011）．心理学の「現在」がわかるブックガイド　実務教育出版

　この2冊はどちらもブックガイドですが、「名著」の方が古典的な色合いが強い印象があります。「名著」は心理学の領域を俯瞰する視点も勉強になります。「現在」の方は、読み手が知りたい領域ごとに豊富に本が紹介され、「臨床心理士になりたいひとに」など、構成の工夫も楽しめます。

　書き手が変われば「それで？」に対する応え方も違ってきます。この本以外にもみなさんの「それで？」に応える本は多々ありますが、本棚のお気に入りのスペースに本書が置かれるようになれば幸いです。

　本書は、北樹出版の福田千晶さんのお声がけで書くことができました。時には、同じく子どもを持つ母親としてあたたかい言葉をいただき、遅々として進まない執筆を折々に励ましていただきました。また、授業の際に、熱心にアンケートを書いてくれた学生のみなさんがいなければ、本を書こうという動機付けは生まれませんでした。ここに記して心より感謝申し上げます。

索　　引

著者紹介

木下　まゆみ

高崎経済大学経済学部教授

2002年　お茶の水女子大学大学院人間文化研究科（博士後期課程）単位取得退学
日本学術振興会特別研究員（PD）を経て、高崎経済大学専任講師、准教授、2016年より現職。博士（人文科学）。
著書に『メディアと人間の発達』（共著）、『抑うつからの回復―合理的思考の効果に関する実証的研究―』など
専門は、教育心理学、社会心理学。

（イラスト：田村奈穂子）

心と付き合うための心理学

2019年5月20日　初版第1刷発行

著　者　木下まゆみ

発行者　木村　慎也

カバーデザイン／北樹出版装幀室　　印刷・製本　新灯印刷

発行所　株式会社　北樹出版

〒153-0061　東京都目黒区中目黒1-2-6
URL : http://www.hokuju.jp
電話(03)3715-1525(代表)　FAX(03)5720-1488